أضواءٌ عَلى العَرَبيّة العَصْرِيّة

Focus on Contemporary Arabic

أضواءٌ عَلى العَرَبيّة العَصْريّة

Focus on Contemporary Arabic

SHUKRI B. ABED, MIDDLE EAST INSTITUTE

Conversations with Native Speakers

Yale University Press New Haven and London

Contents

Acknowledgments xvii

Introduction xix

CHAPTER 1

Autobiography سيرَتي الذّاتيَّة

SEGMENT 1 0:00:08 2

SEGMENT 2 0:01:10 3

SEGMENT 3 0:01:57 4

SEGMENT 4 0:03:50 6

SEGMENT 5 0:04:20 7

SEGMENT 6 0:05:10 8

SEGMENT 7 0:05:54 9

CHAPTER 2

My Family   أُسْرَتي

SEGMENT 1	0:07:13	16
SEGMENT 2	0:08:55	18
SEGMENT 3	0:10:12	19
SEGMENT 4	0:10:46	20
SEGMENT 5	0:11:29	21
SEGMENT 6	0:11:52	22

CHAPTER 3

The Arab Family   العائلة العَرَبيَّة

SEGMENT 1	0:13:07	28
SEGMENT 2	0:14:20	29
SEGMENT 3	0:16:23	32
SEGMENT 4	0:17:45	34

CHAPTER 4

The Arab Woman   المَرْأة العَرَبيَّة

SEGMENT 1	0:18:44	39
SEGMENT 2	0:20:11	40
SEGMENT 3	0:21:45	42
SEGMENT 4	0:23:10	43
SEGMENT 5	0:24:30	45
SEGMENT 6	0:24:58	45
SEGMENT 7	0:26:47	48
SEGMENT 8	0:27:08	49

SEGMENT 7	1:32:47	199
SEGMENT 8	1:33:35	200
SEGMENT 9	1:34:07	201
SEGMENT 10	1:34:33	202

CHAPTER 17

The Question of Palestine القَضِيَّة الفلسْطينيَّة

SEGMENT 1	1:35:07	208
SEGMENT 2	1:35:42	209
SEGMENT 3	1:36:27	210
SEGMENT 4	1:37:50	212
SEGMENT 5	1:39:04	213
SEGMENT 6	1:39:39	214
SEGMENT 7	1:40:40	215
SEGMENT 8	1:41:58	217
SEGMENT 9	1:43:02	218
SEGMENT 10	1:43:10	219
SEGMENT 11	1:44:21	221

CHAPTER 18

My Life in America حَياتي في أمْريكا

SEGMENT 1	1:45:05	227
SEGMENT 2	1:45:29	227
SEGMENT 3	1:45:52	228
SEGMENT 4	1:46:32	229
SEGMENT 5	1:46:57	230

SEGMENT 6   1:47:58   231
SEGMENT 7   1:48:56   232
SEGMENT 8   1:49:31   233

CHAPTER 19

Arab–American Relations   العلاقات العربيّة الأمريكيّة الصهيّة

SEGMENT 1   1:50:32   238
SEGMENT 2   1:51:38   240
SEGMENT 3   1:52:23   241
SEGMENT 4   1:52:48   242
SEGMENT 5   1:53:14   243
SEGMENT 6   1:54:12   244
SEGMENT 7   1:54:55   245

CHAPTER 20

Globalization and the Arab World   العولمة والعالم العربيّ

SEGMENT 1   1:55:58   250
SEGMENT 2   1:56:30   251
SEGMENT 3   1:57:09   252
SEGMENT 4   1:58:22   254
SEGMENT 5   1:59:31   255

Introduction

Adwā' ʿalā l-ʿarabiyya l-ʿaṣriyya (*Focus on Contemporary Arabic*) is part of the Yale series Conversations with Native Speakers. This book sheds light not only on the challenges Arabs currently face, but also on what they think of those challenges and the language they use to express what they think. Although this textbook is intended primarily for advanced students of Arabic, selected chapters and segments can be used with intermediate students, and some even with beginning conversation classes.

Our primary goal is to expose students of Arabic to spontaneous, unrehearsed use of the language by native speakers, expressing themselves for the most part in Formal Spoken Arabic, a somewhat simplified form of Modern Standard Arabic (MSA) understood by the majority of Arabs. Drawn from actual conversations with native speakers from various Arab countries, this textbook conveys to learners of Arabic how Arabs speak about the issues that concern them, ranging from personal matters (such as family life and memories of youth) to their views on globalization. We hope in some small measure to reflect the tremendous diversity that is the Arab world today.

The 21 chapters of this book deal with 21 different topics that we believe are of interest to the average Arab, as well as to those who wish to learn about the Arabs, their society, and above all the Arabic language.

The 24 native speakers whose views are presented in this book are selected from seven geographical regions within the Arab world and form a representative sample of the linguistic reality of that world, in all its variety, complexity, and richness.

Formal Spoken Arabic

Arabic, like Chinese, is characterized by *diglossia*, or the presence of two related languages in a given society: an *acrolect* of high prestige used in formal texts and speech, and a *basilect*, or vernacular tongue, of lower prestige often primarily spoken. After decades of struggling to find a communication mode acceptable to all Arabs, an intermediate form, or *mesolect*, of Arabic has developed that has neither the complexities of the classical language of the *Qur'ān* (*fushá*) nor the particularities of the many Arabic dialects (*'āmmiyya*). In part this has been achieved through the impact of the Arab satellite channels, which are increasingly shaping the region's sociopolitical views, while also affecting the Arabic language itself, thereby creating a new medium of communication among Arabs. This point is made very clearly by the speakers themselves in Chapter 10 of this book (The Arabic Language and Its Dialects), as well as in Chapter 16 (The Arab Media).

Most of the speakers interviewed chose to use this "Third Way" in addressing the issues covered in the interviews upon which the textbook and DVD are based. This emerging spoken language—universally comprehensible throughout the Arab world—is variously referred to as "Formal Spoken Arabic" or sometimes "educated Arabic."

While Formal Spoken Arabic is based on Modern Standard Arabic, there are a number of deviations from the conventional grammatical rules of MSA, as well as new patterns of speech that are peculiar to this emerging spoken language. These new patterns of speech have been adopted widely by most native speakers and are becoming, in a sense, the "rules" of this new emerging language. For example, most native speakers would say *t*ʿ*allamt* or *t*ʿ*allami* (I have learned) rather than the grammatically correct *ta*ʿ*allamtu*, omitting the final vowel (the subject marker for the perfect tense) and, sometimes, adding a vowel before the last consonant. The main characteristics of the formal spoken language that deviate from Modern Standard Arabic are summarized below and have also been noted in footnotes throughout the text itself.

1. Elimination of the vowel after the final consonant of verbs, nouns, and adjectives (eliminating case endings)

2. Use of the *sukūn* (a sign indicating a vowelless consonant) on an initial consonant (سُكُون)

3. Use of two consecutive *sukūns*, not permitted in Modern Standard Arabic (سُكُون)

4. Use of the letter "b" as a prefix to verbs to indicate the continuous present tense

5. Use of the term *fī* (usually corresponding to the preposition "in,") to mean "there is," "there are."

6. Use of foreign words within discourse

7. Use of the term *innu* as a variant of the particle *inna* + *hu* (literally, "indeed it/he is so and so.")

8. Use of the term *illi* to replace the masculine relative pronoun *alladhī*, as well as the feminine relative pronoun *allatī*, both meaning "that," "which"

Organization of the Instructional Package

This package contains a DVD and a companion textbook. The DVD captures conversations with native speakers of Arabic on a variety of contemporary topics, as well as scenes from contemporary life. The textbook contains:

- Highlights of grammatical features
- Full transcriptions of chapters/segments
- Questions following each segment to test student comprehension
- Grammatical and stylistic footnotes
- List of the terminology used in each chapter
- Chapter exercises

Grammatical Features

Grammatical issues pertaining to each chapter are briefly highlighted in a bulleted section at the beginning of the chapter, as well as in footnotes. Instructors and students may wish to review the grammatical points featured in each of the chapters prior to beginning work on a given chapter.

The examples we provide to illustrate the grammatical points are taken from the text itself, sometimes with some modification for stylistic and grammatical correctness. As part of their grammatical review, students should propose additional examples for each of the bulleted points raised either from the text itself or from other sources.

For a thorough study of the highlighted grammatical points we recommend the textbooks below.

Peter Abboud et al. *Elementary Modern Standard Arabic* (vols. I & II). New York: Cambridge University Press, 1983.

Nariman Naili Al-warraki and Ahmed Taher Hassanein. *Adawāt al-rabṭ fī l-ʿarabiyya l-muʿāṣira* [The Connectors in Modern Standard Arabic]. Cairo, Egypt: The American University in Cairo Press, 1994.

Transcriptions

To the extent possible the transcriptions in this textbook represent not "correct" Arabic but rather the sounds actually spoken by a given speaker. There are various ways to use the transcripts. For some segments, the instructor may wish to focus on students' aural comprehension. In this case, transcripts should not be consulted until after the student has attempted to comprehend the segment using the DVD alone. For other more difficult segments, the transcripts can be reviewed and any pertinent issues discussed in advance to enhance students' subsequent aural comprehension of the segment. Students may also use the transcripts by simultaneously listening to the DVD and following the text as a means to improve both listening and reading comprehension.

Comprehension Questions

We have prepared several comprehension questions for each segment. The questions are in English and should initially be responded to in English as a test of the students' understanding of the matters discussed. In the Exercises section (see below), students will be asked both to pose and to respond to the same questions in Arabic, once they have become familiar with the topical terminology of the chapter.

Grammatical and Stylistic Footnotes

Where we felt grammatical and stylistic notes would aid student comprehension, we have included them. To avoid redundancy, we have generally chosen to discuss issues such only at first occurrence.

Terminology

The Terminology section of each chapter is divided into four major categories.

- TOPICAL TERMINOLOGY. List of terms and expressions that appear in a given chapter, relate particularly to the chapter topic, and are useful in discussion of that topic.

- GENERAL TERMINOLOGY. List of terms and expressions that appear in a given chapter and are appropriate for more general use.

- COLLOQUIAL TERMINOLOGY. List of colloquial terms and expressions that appear in a given chapter.

- CULTURAL TERMINOLOGY. List of terms and expressions that appear in a given chapter and relate to issues or customs in Arab culture and Islamic civilization.

Roman numerals in the Terminology sections refer to forms of the Arabic verbs. The letter Q indicates a quadriliteral verb.

Exercises

The chapter exercises are intended to broaden and deepen students' facility in comprehending and discussing matters relating to a given chapter topic. The Exercises section includes both "Writing Activities" and "Speaking Activities" designed to help students utilize the words, expressions, idioms, and ideas introduced in a given chapter. The grammatical features that appear at the beginning of each chapter may also be considered an integral part of the exercises, as they are meant to review major issues in Arabic grammar. Teachers are urged to ensure that students are familiar with these topics before tackling the text or the DVD on their own. This can be done by offering grammatical drills for each chapter based on items covered in the Grammatical Features.

Based on our experience using these materials, we suggest that instructors prepare students for each new chapter by reviewing with them the main terms and expressions in advance, prior to reading the text or viewing the corresponding segments of the

Portions of Chapter 10 (The Arabic Language and Its Dialects) may also be accessible to intermediate students.

Chapters Suitable for Media Arabic Classes

We have identified the following chapters as topically suitable for classes in Media Arabic.

- Chapter 16 – The Arab Media
- Chapter 17 – The Question of Palestine
- Chapter 19 – Arab-American Relations
- Chapter 20 – Globalization and the Arab World

When teaching any of these chapters, instructors should take into account the colloquial and the rapid-paced segments, including them or excluding them as the level of the class dictates.

Transcription Conventions

The points that follow pertain to the author's transcription of the spoken segments on the DVD.

1. Punctuation of the text is entirely the author's and is based on his understanding of the speakers' intentions.

2. Foreign words used by speakers are set off in quotation marks (" ").

3. In attempting to reproduce the natural speech captured on the DVD, the author has used ااا (i.e., a repeated *alif*) to indicate a speaker's hesitation.

4. < > indicate insertions used to complete the speaker's thoughts based on the author's interpretation of what the speaker meant to say.

5. Below is a list of the symbols used to transliterate Arabic
    sounds that have no equivalents in English.

ا   ح   خ   ذ   ص   ض   ط

ā   ḥ   kh   dh   ṣ   ḍ   ṭ

ظ   ع   غ   ق   و   ي   ى

ẓ   ᶜ   gh   q   ū   ī   ā

فَتْحَة   ضَمَّة   كَسْرَة

a   u   i

An apostrophe (') is used to indicate the *hamza* (a glottal stop) at
the middle or the end of a word.

سيرَتي الذّاتيّة

Grammatical Features

Review the following:

- Form I verbs (فَعَلَ):

دَرَسَ، عاشَ، كانَ، عادَ (عُدْتُ)، عَمِلَ

- Passive voice of Form I: وُلِدْتُ

- The connector حَيْثُ

SEGMENT 1

TIME CODE: 0:00:08

The speaker is from Jerusalem. She has a master's degree from a British university and lives and works in Washington, DC.

أنا مِنْ أُسْرة عَرَبيّة عَريقة في القُدْس. كانَ والدي مُهَنْدِساً وَوالِدَتي في البَيْت لا تَعْمَل. لي ثَلاثَة إخْوَة وأُخْت. ااا[1] عِشْنا طُفولَتْنا وبِدايَة عُمْرِنا في القُدْس وكانَت أيّام جَميلَة جِدّاً.

دَرَسْتُ في القُدْس وتَخَرّجتُ من الجامعَة وبَعْدَها تَزَوَّجْتُ وااا أَنْجَبْتُ أطْفالاً، ثَلاثَة أطْفال، وبَعْدَها أَكمَلْتُ تَعْليمي في لَنْدن. وبَعْدَ إكْمالَ تَعْليمي اشْتَغَلْتُ كَمُدَرِّسَة في البِلاد، مُدَرِّسَة لُغَة إنْكليزيَّة في المَدارِس في بِلادي، وبَعْدَها انْتَقَلْتُ إلى إلى[2] الوِلايات المُتَّحِدة.

Answer in English:

1. How does the speaker describe her childhood?
2. What did she do after completing her studies in London?

---

[1] Indicates the speaker's hesitation.

[2] The speaker repeats this word. In order to reflect as accurately as possible what speakers actually say, repetitions will appear in the text throughout this volume.

SEGMENT 2 TIME CODE: 0:01:10

The speaker is a Palestinian. She is currently studying in the Master of Arabic Studies Program (MAAS) at Georgetown University.

إسْمي شُروق سويطي وأنا أَصْلاً من فِلسْطين. وُلدتُ في القُدْس في عامِ الف وتسعمئة وواحِد وثَمانين. عِشْتُ في بُلدان مُختَلفة ولكنّي أقَمْتُ في المَمْلَكَة العَرَبيَّة السَّعوديَّة مع عائِلَتي لِمُدَة إثْنا عَشَرَ سَنَة وَمِن ثَمَّ عُدْنا إلى مَوْطِني الأصْلي فِلسْطين حَيْث عِشْتُ هُناكْ ثَلاثْ سَنَوات ثُمَّ انْتَقَلْتُ إلى الهِند لإتْمام دِراسَتي الثّانَوِيَّة ومِن ثَمَّ سافَرْتُ إلى نيويورك، إلى الوِلايات المُتَّحِدة، حَيْث أنْهَيْتُ دِراسَتي الجامعيَّة. والآن أنا أدْرُسْ[3] في جامعَة جورج تاوْن في واشنطن.

Answer in English:

1. What did the speaker and her family do after leaving Saudi Arabia?
2. Where did the speaker complete her high school education?
3. What did she do after completing high school?

---

[3] As for most native speakers, for this speaker the last letter of a verb comes almost always with a *sukūn* (a silent letter).

SEGMENT 3 TIMECODE: 0:01:57

The speaker is a retired elementary-school teacher. He is a refugee from the village of Iqrith in the Galilee. Currently he lives with his family in another village, also located in the Galilee.

أليوم أنا أَسْكنُ في قَرْيَة كُفِر ياسيف، مُتَزَوِّج وَلي أربَعَة أبناء: وَلَدَيْن وَبِنْتَيْن. في سِنْة ألْف وتِسْعِمِية وسَبْعة وسِتّين تخرّجتُ مِنْ كُلِّيَّة إعْداد المُعَلِّمين في حَيْفا وعَمِلْتُ في سِلْك التَّعْليم حَتَّى سَنَة ألْفين، أيّ ما يُقارب إثنين وثلاثين سَنَة، ثَلاثة وثَلاثين سَنَة كُنْتُ مُوَظَّفاً، مُعَلِّماً في وَزارَة التَّرْبِيَّة والتَّعليم الإسْرائيلِيَّة.

وفي سِنْة الألْفين، ولأَسْباب رُبَّما تَكونْ صِحِيَّة، تَرَكْتُ وَظيفَتي وأنا اليَوْم أسْتَطيع أنْ أُسَمّي أوْ أُطْلِقْ عَلَى نَفْسي في تَقاعُدٍ مُبَكِّر حَيْثُ كَبرَ الأَوْلاد.

إلتَحقَ الإبْن الأَكْبَر لي واسْمَه الياس في المَعْهَد التَطْبيقي "التَخْنيون" وَتَخَرّج مِنْه في حَيْفا، وتَخَرَّجَ مِنْه مَع شَهادَة مُهَنْدِس حاسوب، ويَعْمَلْ اليَوْم مُوظَّفاً في وِزارَة الصِّحَة

فِي النّاصِرَة، مُوَظّف حُكوميّ.

إبْنَتي الثّانية، وهِيَ تَبْلُغْ من العُمْر ثَلاثة وعِشْرين سَنَة، تَخَرَّجَت أيْضاً مِنْ نَفْسْ المَعْهَد الّذي تَخَرَّج مِنْهُ أَباها[4]، كُلِّيَّة إعْداد المُعَلِّمين في حَيْفا، في سِنْة الأَلْفين واثْنين ولكِنْ للأَسَف لَحَدّ اليَوْم لَمْ تَجِدْ لهَا الوَزارة ألإطار المُناسِب، ألإطار المُناسِب، ولَم تُدْرَج في التّعيينات الرَّسْمِيَّة لِلْوِزارة إلّا في نِصْف وَظيفَة.

Answer in English:

1. Where did the speaker's daughter study?
2. What is the speaker's daughter doing now?
3. Where did his son study and what is he doing now?

---

[4] As the subject of the verb تَخَرَّجَ, this word should be أبوها. The word أب belongs to a small group of nouns referred to as "the five nouns," of which أب and أخ are the two most common. The other three are: ذو، فو، حمو.

SEGMENT 4 TIME CODE: 0:03:50

The speaker is Syrian. She immigrated to the US with her family about six years ago. Currently she teaches Arabic at the Middle East Institute in Washington, DC.

أنا وُلِدْتُ في بيئةٍ قَرَوِيَّة في قَرْية تَبْعُد عَنْ مَدينَةِ طَرْطوس حَوالي سِتَّة كيلومتر. وطَرْطوس هِيَ مَدينَة ساحليّة عَلى الساحِل[5] البَحْر الأَبْيَض المُتَوَسِّط. والقَرْيَة، طَبعاً، مُنْتَجَها الرّئيسي هُوَ الزِّراعَة، لِذَلِكَ والِدي كانَ يَعْمَلُ في الزِّراعة وأُمّي تُساعِدَه في الأعْمال الزِّراعِيَّة. ويَمْلُك والِدي الأراضي وبَساتين الزَّيْتون.

Answer in English:

1. Where is the speaker's village located?
2. Where is Ṭarṭūs located, according to the speaker?
3. What did the speaker's mother do?

---

[5] The definite article is out of place here. As the first term of an *iḍāfa* (genitive construct) the word should not have a definite article.

SEGMENT 5   TIME CODE: 0:04:20

The speaker is from Morocco. She immigrated to the US about
three years ago and currently teaches Arabic at Georgetown
University.

أنا مِنَ المَغْرِب، إسْمي فاطِمَة. دَرَسْتُ في المَغْرِبْ دِراسَتي
الإبْتِدائِيَّة والإعْدادِيَّة والثّانَوِيّة، ودِراسَتي الجامِعِيَّة كانَتْ
بِعاصِمَة المَغْرِب، الرِّباط. دَرَسْتُ الفَلْسَفة ودَرَسْتُ
السُّوسيولوجية ومارَسْتُ مِهْنَة التَّدْريسْ مُدَّةً طويلة مِنَ
الزَّمَن في المَغْرِب، في مَدينَة الرِّباط بالضَّبْط. كُنْتُ أُدَرِّسْ
الفِكْر الإسْلامي والفَلْسَفة، وهي تَجْرِبَة مُهِمّة بالنِّسْبِة لي
واسْتَفَدْتُ مِنها كَثيرا.

Answer in English:

    1. Where and what did the speaker study?

    2. What did she teach in Morocco?

    3. How does she describe her teaching experience?

SEGMENT 6

TIME CODE: 0:05:10

The speaker is Jordanian. She is currently a graduate student at the University of Jordan in Amman.

نشَأْتْ في أُسْرة تَتَكَوّن مِنْ ثَمانيَة أفْراد مَع والِدَتي وَوالِدي. مِنَ البِدايَة كُنْتْ أهْتَمّ بالْكِتابة وكَذَلِكْ كانَتْ لَدَيّ إهْتِمامات في المَسْرَح وبِالشِّعر وَكِتابْة القِصَّة القَصيرَة. وَكَمَّلِتْ[6] دِراسَتِي الجامِعِيَّة بالجامِعَة الأُرْدُنِيِّة بالأُرْدُن ودَرَسْتْ في كُلّيّة الزِّراعَة. وبَعْدْما أَنْهيتْ دِراسَتي وَحَصَلْتْ عَلى دَرَجَة البكالوريوس تَزَوَّجْتْ وأَنْجَبْتْ، بفَضْل الله، أرْبَع بَنات، وأنا سَعيدِة كْتير[7] في حَياتي الأُسَرِيَّة وفي زَواجي. وبَعْدْ عَشْر سَنوات عُدْتْ لألْتَحِق بالجامِعَة مِنْ جَديد.

---

[6] *Akmala* أكمل (fourth form of the root *k-m-l* كمل) = *kammala* كمّل (second form of the same root). Both are used interchangeably to mean "has completed." However, the latter is used more frequently in the spoken language and less frequently in written texts.

[7] كْتير = كَثير

Answer in English:

1. What were the speaker's interests while growing up?
2. Where did she receive her bachelor's degree and in what subject?

SEGMENT 7

TIME CODE: 0:05:54

The speaker is a Palestinian-Jordanian poet and writer. He is currently educational director at the Shuman Foundation in Amman, Jordan.

أنا مِنْ مَواليد عَمّان عام ألْف وتِسْعمِيَة وَأَرْبَعَة وخَمسين من أَبَوَيْن فِلِسْطينيَّيْن اقْتُلِعا مِن أَرْضِهِما عام ألْف وتِسعمِئَة وثَمانَية وأَرْبَعين. طُفولَتي أَمْضَيْتُها في مُخَيَّم الوِحْدات للّاجِئين الفلسطينيين قُرب عَمّان، وهُناكْ تَعَلَّمْتْ[8] حَتّى الصُّفوف الإعْدادِيَّة. بَعْد ذَلِكْ انْتَقَلْتْ إلى الصُّفوف الثّانَوِيَّة في المَدارِس الحُكومِيَّة. وحينَ أَنْهَيْتْ المَرْحَلَة الثّانَوِيَّة ذَهَبْتْ وأكْمَلْتْ في مَعْهَد مُعَلّمين ااا تابِع لِوَكالة الغَوْث. بَعْدَ ذَلِكَ ااا عَمِلْتْ في المَمْلَكَة العَرَبِيَّة السّعودِيّة لِمُدَّة عامَيْن كَمُدَرِّسْ، ثمَّ عُدْتْ إلى عَمّان

---

[8] See Footnote 3 in this chapter.

وبَدْأتُ العَمَل بالصَّحافَة مُنْذ عام ألف وتِسْعمِية وثَمانيَة وْسَبْعين. بَقيتْ في الصّحافة حَتَّى عام ألْف وتِسْعْمية وسِتّة وتِسعين ثُمَّ إنْتَقَلْتْ إلى مُؤَسَّسَة "شومان" حَيْثُ أعْمَلْ الآن مُديراً ثَقافِيّاً لِلمُؤسَّسَة.

Answer in English:

1. Where did the speaker grow up?
2. What does he do now?
3. What did he do in Saudi Arabia?

Chapter 2 **My Family**

أُسْرَتي

Grammatical Features

Review the following:

- Form II verbs (فَعَّلَ):

خَبَّرَ، كَرَّسَ، أَثَّرَ، رَبّى

- Conditional sentences with إذا or لَوْ:

إذا كانَ أباً مُثَقّفاً، تَمَنَّيْتُ لَوْ أُتيحَتْ لي الفُرْصَة

SEGMENT 1 TIME CODE: 0:07:13

The speaker is a well-known Palestinian architect. He was born in the city of Nablus to a well-known family and is currently living in Amman, Jordan. He is related to prominent Palestinian poets.

أنا، والْدي، كَما يِمْكِن لاحظتْ من السَّرد اللي حَكيتُه، لّما تْوَفّي كان عُمْري أنا ثَلاث سَنوات، فَما عْرِفْتُه، شخصيّاً يَعْني، ولكِنْ عْرِفْتُه مِنْ خِلالْ حَديث والِدْتي، من خِلالْ أَحاديث أعْمامي وعَمّاتي، عَمْتي فَدْوى بالذّات اللّي كانَتْ لَهُ عِنْدها مَكانة خاصَّة جدّاً حَيْثُ كانْ هُوَ اللي، يَعْني، رَبّاها فِكْرِيّاً وْرَبّاها أَدَبِيّاً وتَعَلّمَتْ عَلى إيدُه مَبادِئ الشِّعْر وكَذا وانْطَلَقَتْ بَعْدين إنْطِلاقْتها العَظيمَة. فَكانوا يِخَبّْرونا عَنُّه كْثير أشياء وقِصَص اللّي أَعْطَتْني شِبه صورَة عَن طَبيعِة هذا الرَّجُل، طَبيعَة جَميلِة جدّاً، يَعْني تَمَنَّيْت لَوْ أُتيحَت لي فُرْصَة أنْ كان أتْعَرَّف عَليه. ااا يَعْني بِمِقْياس هَذيك الأيّام، أعْتَقِد أنا في سُلوكُه الإجْتماعي ونَظْرِتُه إلى المُجْتَمع، إلى المَرْأَة، إلى التَّعَلُّم، إلى الفَنّ، إلى

الدّين، كانْ رَجُل تَقَدُّمي جِدّاً، في ذلك[1] ، في مَقاييس تِلْكَ الأَيّام. حَتّى بَقْدَر أَقول يِمْكِنْ في مَقاييس هذه الأيّام بِجوز لِسّا أَكْثَر.

ف... [2] يَعْني هذه الخَلْفِيَّة أعتَقِد وهالذِّكْريات تَبَعُه كَمان أَثَّرَت في، فيِّ كْثير، وَفي تَكْويني وَفي تَكْوين شَخْصِيَّتي وتَطَلُّعاتي إلى الأَشْياء وَهَكَذا.

Answer in English:

1. How did the speaker learn about his father?
2. The speaker mentions the name of Fadwa, a well-known Palestinian poet. What is Fadwa's familial relationship to the speaker's father? How does he describe Fadwa's intellectual relationship with his father?
3. How does the speaker characterize his father's social outlook?

---

[1] The speaker did not complete his thought when he used *dhālik*. Most likely, he initially intended to say *fī dhālika l-waqt*, then rephrased.

[2] Indicates a pause by the speaker.

SEGMENT 2 TIME CODE: 0:08:55

The speaker is a Lebanese journalist who currently works for the London-based Lebanese newspaper الحياة in Washington, DC.

كَرَّسَتْ أُمّي مُعْظَمَ وَقْتَها ونَحْنُ في سنين الطُّفولَة
والمُراهَقَة والشَّباب لِ لِ لِتُعَلِّمَنا وتُثَقِّفَنا وتُؤَدِّبَنا. ومِنْ
هُنا نَرى أنَّ الأُمّ تَلْعَبْ دَوْر في التَرْبيَة والتَّعْليم والتَّثْقيف وَ
وَ ونُمُو الطِّفْل، فَهِي عُنْصُر أَساسي في العائِلَة العَرَبيَّة.
وبِالطَّبْع أُمّي كانَتْ مَصْدَر رَئيسي لِ لِ لِتَغْيير ظُروف[3]
حَياتي وَ لِ لِ وَلِكَوْني اليَوْم أَجْلِسْ حَيْثُ أَجْلِسْ الآن.
أُمّي لَم يَتَسَنّ لَها، طَبعاً لِظُروف مادِيَّة وأُخْرى إجْتِماعِيَّة،
أَنْ أنْ أَنْ تَذْهَب إلى بِلاد الإغْترا ب وبالتّالي إنْحَصَرَتْ
حَياتَها الإجْتِماعيّة في جوّ ريفيّ قَرَويّ لُبْناني وَهِيَ
مُتَعَلِّمَة وَمُثَقَّفَة إنَّما لَم تَحضَ بالفُرَص الّتي الّتي نحن

---

[3] Certain speakers—especially those of Lebanese, Syrian, and Egyptian origin—use the sound *z* for the ظ in words like ظروف. For additional examples see Chapter 6, Segments 1 and 3; Chapter 7, Segment 3.

حَضَنْنا بِها، هي قَدَّمَتْ كُلّ ما عِنْدَها لِ لِتَكون لَنا فُرَصٌ أحْسَن ووأوْفَر.

Answer in English:

1. What role does the mother play in the family, according to the speaker?
2. According to the speaker, her mother's life was confined to the village. How does she explain this?

SEGMENT 3 (RAPID) TIME CODE: 0:10:12

The speaker is a novelist and poet. She has a PhD in political science from the Hebrew University. Currently she is a visiting post-doctoral scholar at the Center for Contemporary Arabic Studies of Georgetown University.

خَرَجَت أُمّي لِلْعَمَل مع مِئات من النِّساء الفَلَسْطينِيّات لأوّل مرّة في التّاريخ الفلسطيني داخِل إسْرائيل، ألعَمَل المَأْجور، حَيْثُ بِشَكِل عامّ عَمِلَتْ المَرْأة في الحُقول، في البُيوت، أو فَتَحوا وَرْشات صَغيرَة داخِلَ القُرى. كانَ بالنِّسْبة لَنا كَأُسْرة صَعبٌ جِدّاً غِياب الأُمّ عن البَيْت لِفَتْرَة طَويلة مِن الصَّباح حَتَّى المَساء، فاعْتَدْنا أنْ نَتَوَلّى زَمام أُمورنا بِنَفسنا.

Answer in English:

1. What were the traditional activities for women in the speaker's village before they began entering the job market outside the village?
2. What impact did the mother's absence from home have on the speaker's family?

SEGMENT 4 TIME CODE: 0:10:46

والِدي كانَ دائماً مَشْغولاً خارِجْ البَيْت. وكان أتَذَكَّرُه، والِدي كَبير وأنا كَبيرَةٌ في السِّن، كانَ والِدي من النَّوْع ااا لَيْسَ مُتَعَصِّباً كَثيراً ولكنَّه مُحافِظ، هو يُريد كُلّ شَيْء عَلى أنْ يَكونَ بأحْسَنِ حال: ألأَوْلاد يَجِب أنْ يَكونَ، يكونونَ[4] مُرَتّبين، أنْ يَكونْ[5] العَلامات في المَدارِس جَيِّدة، الأكْل جاهِز لَهُ وَهُو فَقَط يُناظِرْ أَوْ يُراقِبْ ما يَحْدُث في البَيْت.

---

[4] It should be أنْ يَكونوا.

[5] It should be أنْ تكونَ.

B. Colloquial Expressions

that, which (m., f.)	اللّي = الّذي، الّتي
I related it, I told it	حَكيتُه = حَكَيْتُه
at his hands, under him, with his help	على إيدُه = على يَدِهِ
later on	بَعْدين= بَعْدَ ذلك
that (f.)	هَذيك = تِلْكَ
about him	عَنُّه = عَنْهُ
I can	بَقْدَر = أسْتَطيع
It is possible	بِجوز= يَجوزُ = مِنَ المُمْكِن
usually, "until now"; here, "even"	لِسّا = حَتّى الآن
that belongs to him	تَبَعُه = التّابِعَة لَهُ
his memories	الذِّكْرَيات تَبَعُه = ذِكْرَياتُهُ

Exercises

A. WRITING ACTIVITIES

1. Select ten terms and expressions from those introduced in this chapter and formulate a sentence using each of them.

2. Write a 50-word essay describing your immediate family.

B. SPEAKING ACTIVITIES

1. Translate and then answer *in Arabic* the comprehension questions that follow each of the segments.

2. Discuss with your classmates the parental role in a child's education. Who holds the greatest influence, the father or the mother? What role do grandparents play?

تَحَمُّل هذه القُيود وأنّه لا[8] يُريد أنّه يَتنازَل عن كل الدّعم، عن كلّ المُسانَدة من أجل حُرِّيَّته الشَّخْصيَّة. العائلة عَبَرَت الكَثير من التَّغييرات. فَفي سَنَوات الخَمْسينات، مَثَلاً، كانَتْ العائلَة تَخاف عَلى الفَتاة مِنَ الخُروج خارِج القَرْيَة مِن <ال>دّخول إلى سِلْك التَّعْليم والتَّمْريض مَثَلاً. كانوا يَخافون أنْ تَأْخُذ الفَتاة مُواصَلات، كانوا يَمْنَعون المَرْأة حَتَّى مِنَ التَّعليم. ااا كانوا يَعْتَقِدون أنَّ المَرْأة حينَ تَتَعَلَّم، مَثَلاً، سَتَكْتُب رَسائِل حُبّ لِفِتْيان. وَمِنْ هُنا كانَ هُناكَ تَشْديداً كَبيراً على الفَتاة. خِلال خَمْسين عاماً هُناكَ تَطَوُّراً كَبيراً. ألْيَوْم العائلَة العَرَبِيّة تَدْعَم وَتَشُدّ عَلى الفَتاة مِن أَجْل الدُّخول إلى الكُلِيَّات، إلى المَعاهِد، إلى الحُصول عَلى شِهادات.

---

[8] The second negation particle لا in this sentence is out of place. The speaker means to say that the individual wants, or is willing, to give up the family support for the sake of her or his personal freedom.

Answer in English:

1. What does the speaker think the family demands from the Arab individual in return for the support it provides?
2. Explain the change that has taken place in the last 50 years or so, according to the speaker.
3. In this chapter, there is frequent use of Form V of the verb (تَفَعَّلَ). Identify and explain the meanings of at least four fifth-form verbs or verbal nouns in this and the other segments of this chapter.

SEGMENT 3 TIME CODE: 0:16:23

أليَوْم أشْعُر في نَوْع من التَّفَكُّك العائِلي. الوَلَد، الغُلام إبنَ العِشْرين والتُّسَعْطَعْش لا يَعي كَلِمَةَ والِدَيْه. وَدَعْني أتَجَرَّأ وَأَقولْ لا يَسْمَع لِوالِدَيْه بِشَيء، فَهُوَ يَفْعَل ما يَشاء وَما عَلى الأَبْ المَسْكين إلّا العَطاء والعَطاء والعَطاء. وَسُؤالي هُوَ: "إلى مَتَى؟ وما هِيَ الأسْباب الّتي حَدَتْ بِهؤلاء الشَّباب إلى هذا الإنْفِلات، رُبَّما الخُلُقي، ورُبَّما لا يَعونَ ما يَفْعَلون. هَلْ هُوَ الوَضْع الإقْتِصادي؟. هَلْ هِيَ الأَزَمات السِّياسِيَّة والتَّخَبُّطات الّتي تَمُرّ بِها المَنْطَقَة؟. هَلْ

هُنالكَ دَوْر لِوَسائل الإعْلام وَعَهْد الحاسوب والتَّلفزَة والمَحَطّات الفَضائيَّة[9] الّتي تُشَجِّع رُبَّما النَزْع الخُلُقي مِنْ هذا الوَلَد بِشَكْلٍ أَوْ بِآخَر؟

Answer in English:

1. What does the speaker feel about the state of the family nowadays?
2. What issue is the speaker trying to address by posing a series of questions in the last paragraph of this segment?

[9] View these comments in connection with those in Chapters 16 (The Arab Media) and 20 (Globalization and the Arab World).

SEGMENT 4 (RAPID) TIME CODE: 0:17:45

بِشَكْلٍ عامّ أَرى أَنَّ مُجْتَمَعَنا العَرَبي أحْياناً يُنَمّي نَوْع نَوْع مِنَ النِّفاق لأَنَّنا لا نَسْتَطيع أَنْ نَتَعايَش لِوَحْدنا، أنّا[10] تَرَبَّيْنا أَنْ نَكون داخِل إطار مُعَيَّن، وداخِل ألإطار أَلْمُعَيَّن أحْياناً يَحْتاج الفَرْد أَنْ يَقوم بِرَغَبات، أَنْ يُشْبِع رَغَباتَه في أُطُر مُعَيَّنة لا تَسْمَح لَهُ العادات وبالذّات في مَوْضوع مِثْل مَوْضوع الجِنْس، واليَوَم هُناكَ إنْفِتاح في هذا المَوْضوع، وَمِنْ هُنا يَحْصُل تَصَدُّع، يَحْصُل إحْتِكاك. فَنَرى أَنَّ الإنْسان ، الفَرد العَرَبيّ، يَتَّجِه إلى شَيء يَشْبِه النِّفاق، فَهُوَ يُراضي العائلة وَيُراضي المُجْتَمَع ولكِنَّه يَقوم بِكُل الأَشْياء المَمْنوعَة وَلكِنْ مِنْ وَراءَ السِّتار.

Answer in English:

1. How does the speaker characterize the situation of the individual in Arab society?
2. How might the Arab individual behave in order to satisfy both his own needs and those of society?

---

[10] أنّا = أنّنا

Terminology

A. Topical Terminology

family	أُسْرَة، أُسَر
father	الأب
father's authority	سُلْطَة الأب
grandfather	الجَدّ
family members	أفراد الأُسْرَة
close ties among family members	تَرابُط أفْراد الأُسْرَة
custom	عادَة، عادات
traditions	تَقاليد
clan	عَشيرَة، عَشائِر
tribe	قَبيلَة، قَبائِل
tribal customs	عادات قَبَلِيَّة
Arab society	المُجْتَمَع العَرَبيّ
young man	غُلام
parents	والِدان

B. Colloquial Expressions

the family	العيلة = العائلَة
They find it strange	بِسْتَغِربو = يَسْتَغْرِبونَ
feels	بيشعر = يَشْعُر
There is no	فيش = لا يوجَد = لَيْسَ هُناكَ
nineteen	والتُّسَعْطعْش = التّاسِعَة عَشْرَة
That it is so and so	إنُّه = أنَّهُ/إنَّهُ

Exercises

A. WRITING ACTIVITIES

1. Select ten terms and expressions from those introduced in this chapter and formulate a sentence using each of them.

2. Write an essay of 50 to 60 words stating what you have learned about the Arab family from the above interviews.

B. SPEAKING ACTIVITIES

1. Translate and then answer *in Arabic* the comprehension questions that follow each segment in this chapter.

2. Select six characteristics of the Arab family mentioned by the various speakers, discuss them with your classmates, and compare them with characteristics of the American family.

الْمَرْأَة العَرَبِيَّة

Grammatical Features

Review the following:

- Form IV verbs (أَفْعَلَ):

  أَبْرَزَ، أَفْرَزَ، أَعْطى، أَرْشَدَ

- The passive voice of Form IV: أُعْطِيَ

- Use and meaning of كَ (such as, like, in the capacity of):

  حَتَّى أَفْهَم دَوْري في المُجْتَمع كَإمْرَأة وَكَأُمّ

SEGMENT 1 TIME CODE: 0:18:44

أَلْمُجْتَمَع العَرَبِي مِثْلَ أيْ مُجْتَمَع آخر، للمَرأة فيه دَوْرٌ أساسيّ وكَبير، فَهي نِصْف المُجتَمع مع الرَّجل ولها دورٌ بارِز في العائِلة وخارِجْ العائِلة أيضاً. ورأيْنا أنَّ في المُجْتَمَع العَرَبي تاريخِيّا حَمَلَت المَرْأة دوراً مُهِمّاً خُصوصاً مع الرّسول محمد صلّى الله عليه وسَلَّم، وَحَتّى مَعْ الرِّسالَة المَسيحيَّة واليَهوديَّة. وَرَأَيْنا مِثْل السَّيِّدَة عائِشَة في القُرآن أومَرْيَم العَذْراء وقِدّيسات أُخْرَيات، كَما رَأَيْنا في التَّوراة مَعْ سارَة وَغَيْرِها. فَلِلْمَرأة دَوْرٌ رَئيسيّ في هذا المُجْتَمَع وعَلَيْها أنْ تُنَفِّذ هذا الدَّوْر للنُّهوض بِهذا المُجْتَمَع.

أَلمَرْأة العَربيَّة هي تُقَرِّر أينَ مَوْقِعَها في المَنْزِل أوخارِج المَنْزِل، في الشَّرِكات، في الحُكومَة، في مَجْلِس النُّواب، أيْنَما كانَ، إنَّما القرار يَرْجِع لها، فَهِيَ إمْرأة ناضِجة ولها العَقْل كما ااا لِكُل شَخْصٍ آخر، والقرار هذا يَرْجِع إلَيْها

وبالطَّبع لها الحُرِيَّة في اختِيار المَنْزِل أوْ أوْ أيّ مَكانْ آخر خارِج المَنْزِل.

Answer in English:

1. What does the speaker think about the role of Arab women historically?
2. How much freedom does the speaker think Arab women have in choosing an occupation?

SEGMENT 2 TIME CODE: 0:20:11

أنا أعتقد أنَّ المَرْأة في الماضي وفي الحاضر لَعِبَت ولاتزال تَلْعَب دوراً كبيراً في إنْشاء الأُسْرَة وإنْشاء وتَحْضير الأجْيال القادمة. ولِلأسَف فَإنّ العَديد من الحَرَكات النَّسَوِيَّة الّتي تُطالِب بِحُقوق المَرْأة في الغَرْب لم تَتَفَهَّم مَضْمون واختِلاف التَّجْرُبَة، تَجْرُبَة الحَرَكات النَّسَوِيَّة في الشَّرق وكَيف أَنَّ دَوْر المَرأة يَختَلِف في الشَّرق عَن في[1] الغَرب، حَيث أنّ العَديد مِنْ حَرَكات حُقوق المَرأة في

---

[1] It should be عَنْهُ في.

الغَرب تتَطَلّع إلى دَوْر المَرْأة في الشَّرق وتُحِسّ بالأَسَف،
لِما، لِقلّة مُشارَكَة المَرأة في الحَياة السِّياسيَّة والإقْتِصاديَّة.
ولكِنْ أعتَقِد أنَّ المَرْأة <العَرَبيّة> تلعَب دَوْراً كَبيراً في
إنْشاء الأُسْرَة. ولكِن هُناكَ، يَجِبْ أنْ يَكونَ هُناكَ مَجالْ
أكْبَر ومَساحة أكْبَر لِمُشارَكَة المَرْأة، حَيْثُ أنَّ، على ما
أعْتَقِد، أنَّ المَرْأة لَعِبَت دَوْراً، تَلْعَبُ دَوْراً كَبيراً، ولكِنْ
هُناكَ العَديد من الأُمور الّتي يُمْكِن لِلْمَرْأة أنْ تَزيد من
إشتِراكِها فيها، مِثل الحَياة السِّياسيَّة وبالذّات في فِلسْطين،
في بَلَدي، في المُشارَكة في الإنْتِخابات، ااا (ال)[2] حَرَكات
التَّنْمِيَة الإجْتِماعِيَّة والإقْتِصاديَّة.

Answer in English:

1. What does the speaker think of the attitude of the Western women's movement toward women's movements in the Middle East?
2. According to the speaker, in what field can women expand their participation?

[2] The definite article is out of place here. This often happens as native speakers restructure their sentences in unrehearsed speech. See also Footnote 4.

SEGMENT 3 (RAPID) TIME CODE: 0:21:45

بِدون شَكّ أنَّ الُمجْتَمَع العَرَبي يَنْظُر إلى أنَّ وَظيفَة المَرْأة الأساسيّة هي البَيْت، تَرْبِيَة الأوْلاد، وحَتّى بَيْن قَوْسَيْن "خِدْمَة الرَّجُل"، خِدْمَة الأبْ وأحْيانا إذا المَرأة لم تَتَزَوَّج، خِدمة الإخْوَة والأخَوا[3] وزَوْجاتَهُم، خِدْمَة الأهْل.

بِدون شَكّ لِلمَرْأة مَسْؤوليّات داخِلَ المَنْزِل ولكِنْ لا أَعْتَقِد إنَّ دَوْر المَرْأة يَقْتَصِر فَقَط عَلى هذا، وأنا واثِقة ومِن التَّجارِب ومن الحالات التّي نَراها، المَرْأة تَسْتَطيع (ال)[4] دُّخول جَميع الأَصْعدَة وَجَميع المَجالات وتَسْتَطيع أن تَنْجَح. وعِنْدَنا أمْثِلَة كَثيرَة أنَّها نَجَحَت حَتّى أفْضَل مِنَ الرَّجُل حَتّى في السِّياسَة وفي مَجالات أُخْرَى.

فكَوْن المَرْأة تَنْتَمي، إلى، فَقَط إلى دائرة المَنْزِل وَدائِرة الخاصّ هُوَ مُحاوَلَة لِطَمْس شَخْصِيَّة المرأة ولِطَمْس

---

[3] Incomplete thought; the speaker intended to say الأخَوات but changed her mind.

[4] The definite article is out of place here.

هوِيَّتَها. ونَحْنُ نَراها حَتّى في الدّين، الدّين يُحاوِل قَوْقَعة المَرْأَة داخِل هذا الإطار الصّغير.

ولكِنْ نَحْنُ نَعْرِف اليوْم العالَم مُتَغَيِّر، العالَم سَريع يَتَّجِه نَحْوَ فَتْح الأبْواب وجَميع المَجالات للمَرأة، تَقريبا في مَجالات كَثيرة لم نَكُن نَسْمَع عَنْها مِن قَبل.

Answer in English:

1. According to the speaker, what is the position of religion regarding women?
2. How does the speaker describe the traditional role of Arab women?

SEGMENT 4 TIME CODE: 0:23:10

والله بِشَكلْ عامّ بَقْدَر أَقول إنُّه المُجْتَمَع في فِلسْطين في ذلكَ الوَقْتْ كانَ يَنْظُر بِإعْجاب إلى النّاس اللّي مِثْل الوالْدِة، يَعْني، اللّي تَجْمَع ما بَيْنَ حَياتها العائلِيِّة المَنْزِلِيِّة وواجِباتِها ومُتَطَلِّباتِها وما بَيْنْ العَمَل. حَقيقَةً إنُّه في بِفِلسْطين كان في ذلك الوَقْت ااا يَعْني، فَهْم وتَقْدير إلى

مَوْضوع العَمَل، مَوْضوع الإِسْتِقْلالَيّة المادِيِّة، مَوْضوع تَحْقيق الذّات مِنْ خِلال العَمَل. ااا وَأَذْكُر أنا إِنُّه في فَتْرَة مِنَ الفَتَرات بَعْدْ الوِحْدة ما بَيْنَ فِلِسْطين والأُرْدُن، في عُمرْها المُتَقَدِّم نِسْبِيّا، أُعْطِيَتْ جائِزة إِسِمْها "جائِزة الأُمّ المِثالِيَّة"، وذُكِر فيها في ذلك الحين إِنَّها، لأَنَّها كانَتْ يَعْني[5] تْرَبّي في البَيْت وتِشْتْغِل وتِشْتْغِل في خارِج البَيْت أَيْضاً، وْجَمَعَتْ ما بَيْنَ هَذَيْن الجانِبَيْن مِن حَياة الإنْسان.

Answer in English:

1. How does the speaker characterize Palestinian society's attitude toward working women?
2. In this segment, the speaker states that his mother received a prize for being the ideal mother. What justified her receiving that prize in his view?

---

[5] The term *yaʿnī* (literally "it means") is often used by native speakers as a means to gather their thoughts, equivalent to "I mean" or "you know" in English.

SEGMENT 5   TIME CODE: 0:24:30

أنا بِرَأْيِي أَنَّ المَرْأَة في البَيْت، في تَرْبِيَة أَوْلادها لا يُشْتَرَط
بِها أَنْ تَكونْ مُتَعَلِّمَة أَوْ خِرِّيجَة جامعة. هُنالِكَ مِنَ النِّساء
العَرَبِيَّات اللّواتي يَعْمَلْنَ في خِضَم المَطْبَخ والبَيْت وتَرى
أَوْلادُهُنَّ بِنَزَعاتٍ إيجابِيَّة وَبِتَرْبِيَةٍ خُلُقِيَّة.

Answer in English:

1. What does the speaker say in the first sentence of this segment?
2. What does the speaker say in the second sentence?

SEGMENT 6 (RAPID)   TIME CODE: 0:24:58

بالنِّسْبَة لي، أنا بَعْتَقِد [6] إنَّه المَرأة كَيْنونِتْها تَتَجَسَّد ذاتُها
داخِل المَنْزِل، في أُسْرِتْها، مع أَطْفالْها، من خِلال تَجْرُبتي
ومن خِلال حَياتي وتَجْرُبة أُمّي. لكَنْ هذا لا يَمْنَع أَنْ
يَكون لِلمَرأة إمْتِدادها في المُجْتَمَع ويَكون لَها تَأْثيرُها في
المُجْتَمع.

---

[6] See Chapter 3, Footnote 4, regarding the prefix "b" in all major Arabic dialects.

بَدَأْتْ بدِراسَة الإرْشاد النَّفسي حَتّى أسْتَطيع أنْ أتأهَّل كأُمّ حتَى أُرَبّي بَناتي. فَخُروجي مِنَ المنْزِل للمُجْتَمَع لا أَعْتَقد أنّ فيه ظُلم للفتَيات الصّغيرات بِقَدر ما فيهِ بناء لِشَخْصيّتي حتّى أتَمَكّن من أنْ أُساهِم في بناء شخصيَّتُهنّ وحَتَّى أفْهَم دَوْري في المُجْتَمع كَإمْرَأة وَكأُمّ وَأَقوم بِجَميع الأَدْوار المَطْلوبة مِنّي. ألأُمّ هي الأُم وهي المَرْأة وَهِيَ الحَبيبَة وهي الأُخْت وهي[7]. هُناكَ مَجْموعَة من الأدْوارعَلَيْنا أَنْ نَعْمَل بِها جَميعاً. عَلى المَرْأة أنْ تَكون كُلّ هذه الأدْوار، كما أنّ المَرْأَة في إحْدَى المَقولات أنّ "ألَمرأة هي نصف المُجْتَمَع وهي الّتي تُربّي النِّصْفَ الآخَر". فَحتّى تَتمَكَّن المَرْأَة أنْ تُرَبّي النِّصف الآخَر عَلَيْها حقيقةً أنْ تَعْمَل بِجَدّ حتّى يَتِمّ تَأْهيلُها لِهذا الدَّور. إذا بَقيَت في المَنْزِل وعَملت على وَضْع نَفْسْها في قوْقَعة وابْتَعَدت عَن التَّطوُّر الحَضاري، إذا لَم تُساهِم في إبْراز الثَّقافةِ العَرَبيَّة

[7] Incomplete thought.

هذا أعْتَقِد إنّه سَيَعْمَل عَلى تَحْجيم دَوْرْها[8] في الُمجْتَمَع وتَحْجيم دَوْرْها أَيضَاً داخِل الأُسْرَة وَبين أَبْنائْها. فأنا مع أنْ تَخْرُج المَرْأَة وَتْكون لَها بَصْمِتها في الُمجْتَمع وأنْ تَقوم بأَداء دَوْرْها ااا على أَتَمّ وَجْه أو ضِمْن إمكانِيّاتْها، لا أنْ نَحْبِسها في المَنْزِل بِحُجَّة أنَّ هذا هو دَوْرُها، لأنَّ دَوْرَها خارِج المَنْزِل هو إمْتِداد لِدَوْرْها داخِل المَنْزِل. لِأَرَى ماذا تَقول ريما.

Answer in English:

1. Why did the speaker choose to study counseling?
2. What is the speaker's position regarding women who stay at home? How does she justify her point of view?

---

[8] Native speakers frequently use two following *sukūns,* something unacceptable in formal written Arabic. *Sukūn* marks the absence of a vowel after a consonant.

SEGMENT 7 (COLLOQUIAL) TIME CODE: 0:26:47

The speaker is Jordanian. She is currently a graduate student at the University of Jordan in Amman.

أنا رأيي بِأَيِّد رأي جِهاد، يَعْني المَرْأة هو عَمَلْها الأَساسي، أصلاً البيولوجِيّة تَبْعِتْها، إنُّهُ هي تْربّي الأوْلاد. بَسْ كَمان لازِم تكون لَمّا تْربّي الأوْلاد تْكون مُعَدَّة، يَعْني جَيِّداً لَحَتَّى تْقوم بِهالأداء[9]، فَشَوْقي يَقول: ألأُمّ مَدْرَسَةً إنْ أعْدَدْتَها أعدَدْتَ شعباً طيِّب الأخْلاق[10].

Answer in English:

1. What is the main role of women, according to the speaker?
2. Explain the meaning of the following poetical verse mentioned by the speaker in this segment:

الأم مدرسةٌ إذا أعْدَدْتَها أعْدَدْتَ شَعباً طَيِّبَ الأخْلاق

<الأعْراق>[10]

---

[9] بِهالأداء = بِهذا الأداء

[10] The speaker is incorrectly attributing this saying to Ahmad Shawqī, also known as *amīr al-shu^{c}rā'*, the prince of poets. This statement is in fact attributed to another famous poet by the name of Ḥāfiẓ Ibrāhīm, nicknamed *shā^{c}ir al-nīl*, the Nile Poet and it should read:
الأم مدرسةٌ إذا أعْدَدْتَها أعْدَدْتَ شَعباً طَيِّبَ الأعْراق

SEGMENT 8 (RAPID) TIME CODE: 0:27:08

أَلمَرْأَة حَتَّى في المُجْتَمعات الّتي تَفْرِض عَلى المَرْأَة أنْ تَكون داخِل المَنْزِل وتَهْتَمّ بِعَزْل المَرْأَة عن بَقيَّة المُجْتَمَع، حَتَّى هذه المُجْتَمَعات بِحاجَة إلى أنْ تَكونْ المَرْأَة خارِج المَنْزِل بَعْض الأَدْوار. بِمَعْنى إنُّه هذه الأُسَر تَمْنَع، مَثَلاً، المَرْأَة أنْ تُعْرَض عَلى طَبيب مِنْ الرِّجال، إذاً حَتَّى هاي، هذه المُجتَمعات تُفرز أهمِّيّة أنْ تَكون المَرْأَة في بَعْض الأَدْوار كَطَبيبَة، كَمُعلِّمَة.

Answer in English:

1. This speaker is talking about certain societies' attitudes toward women. Describe these attitudes.
2. How does the speaker justify the need for women to become professionals?

Terminology

A. Topical Terminology

Women are half of society	المَرْأة نِصْف المُجْتَمع
raising children	تَرْبِيَة الأوْلاد
the role of women in the home	دَوْر المَرْأة في المَنْزِل
creating and raising a family	إنْشاء الأُسْرَة
preparing the coming generations	تَحْضير الأجْيال القادِمَة

B. General Terminology

prominent role		دور بارز
an important role		دَور مُهِمّ
economic and social development movements		حركات التنمية الاجتماعية والاقتصادية
responsibility/ties		مسؤولية، مسؤوليات
to be confined to	VIII	إقْتَصَرَ، يَقْتَصِرُ، إقْتِصار
on all levels		عَلَى جميع الاصعدة
in all fields		جميع المجالات

belongs to the domain of the home and the private		تنتمي الى دائرة المترل ودائرة الخاص
It's an attempt to marginalize		هو محاولة لطَمْس
obliterating, erasing		طَمْس
to make someone withdraw within himself		قَوْقَعَة
identity		الهوية
looks with admiration		ينظر باعجاب
combines two things		تجمع ما بين وبين
economic independence		الاستقلالية المادية
role in society		إمْتداد في المُجْتَمَع
psychological counseling		الإرْشاد النّفْسي
to become qualified	V	تَأَهَّل، يَتَأَهَّلُ، تَأَهُّل
oppression		ظُلْم
to be able to	V	تَمَكّنَ، يَتَمَكّنُ، تَمَكُّن
contribution		مُساهَمَة
to be able to contribute		حَتّى أتَمَكّن من المُساهَمَة
cultural development		التَّطوُّر الحَضاري

limiting (the role)		تَحْجيم
stamp		بَصمة
performance		أداء
in the best possible way		على أتَمّ وَجْه
to isolate	I	عَزَل، يَعْزِلُ، عَزْل

C. Colloquial Expressions

to support	بأيِّد = يُؤيِّد
That belongs to her	تَبعَتْها =التّابِعة لَها
but, enough, however	بَس = لكِن
this (f.)	هاي= هذِه

D. Cultural Expressions

Peace be upon the Prophet Mohammed	محمد صلّى الله علية و سلم
God be my witness, indeed	و الله
the family, those closest to one	الأهْل

Exercises

A. WRITING ACTIVITIES

1. Select ten terms and expressions from those introduced in this chapter and formulate a sentence using each of them.

2. Write an essay of 50 to 60 words outlining your views of the role of women in your society.

B. SPEAKING ACTIVITIES

1. Translate and then answer *in Arabic* the comprehension questions that follow each of the segments in this chapter.

2. Discuss with your classmates the history of feminism in your country. Address the question of women's political rights in the US and the role women play in civil society.

Chapter 5 Arab Food

الأَكْلُ العَرَبِيّ

Grammatical Features

Review the following:

- Form V verbs (تَفَعَّل): تَعَوَّدَ (على)، تَطَلَّبَ
- The expressions:

in relation to	بِالنِّسبة لِ
naturally, obviously	بطَبيعَة الحال
famous for	يَشْتَهِرُ بِ
although	وَلَوْ أَنّ
generally speaking	بِشَكْلٍ عام

SEGMENT 1 TIME CODE: 0:27:46

بالنِّسبة للأَكْل العَرَبي، من طَبيعَة الحال هو مُخْتَلف لأنّ، لأَنَّ ااا الأُكْلات هي في حَقيقَة الأَمْر جُزءٌ مِنَ الثَّقافَة وكُلُّ بَلَد له أُكْلاته الخاصَّة.

بالنِّسبة للأَكْل العَرَبي، هُناكَ تَقارُب كَبير. مَثَلاً هُناكَ في الأَكْل العَرَبي هُناكَ تَوابل كَثيرة نَسْتَعْمِلُها، نَسْتَعْمِلُ أوْ نَحْتاج إلى رَوائِح أَكْتَر[1]، نَسْتَعْمِلُ بَهارات أَكْتَر.

بالنِّسبة للأَكْلْ الأمْريكي، هو يَتَوافَق مَعْ طَبيعَة الُمجْتَمَع وَمَع كَذَلك الحَياة اليَوْمِيّة لهذا الُمجْتَمَع. فالحَياة اليَوميّة داخِل الُمجْتَمَع الأمْريكي لا تُساعِد على الأَكْل بالطّريقة العَرَبِيَّة، لأنَّ الأَكل العَرَبي يَحْتاج إلى وَقْتْ أَطْوَل، يَحْتاج إلى كَثير مِنَ الأُمور الّتي تَتَطَلَّبُ وَقتاً طَويلاً.

---

[1] أَكْتَر = أكثَر

Answer in English:

1. How does the speaker characterize Arab food?
2. Why does the American life style not lend itself to preparing food in "the Arab manner"?

SEGMENT 2 TIME CODE: 0:28:48

أَلمَطْبَخ العَرَبي يَعْني مَطْبَخ مَشْهور بِغِناه، يَعْني غَني، غَني بِعَدَد كَثير مِنَ الأَنْواع مِنَ الطَّعام. وتَخْتَلِف أَيْضاً كُلّ دَوْلَة عَنْ دَوْلَة. فأَنا مِن سوريا، طَبْعاً في سوريا بَلَد زِراعي، فَهُناكَ الخُضار الكَثيرَة والفَواكه. فالأَكْل السّوري مُعْظَمَهُ يَعْتَمِد على الخُضار، وأَحْياناً اللَّحْم مع الخُضار ولكِنْ الخُضار هيَ المُفَضَّلَة والفَواكه بِحُكم تَواجُدَها وَوُجودها في البَلَد. وأَيْضاً تَعَوَّدوا[2] النّاس عَلى أَكْل الخُضار لِذَلك لا يَهْتَمّون كَثيراً باللُّحوم. وهذا لا يَعْني بأَنَّهُم لا يأكُلون اللُّحوم، طَبعاً هُناكَ كَثير مِنَ الطَّعام الَّذي يعتَمِد بالدَّرَجة الأُولى على اللُّحوم: لَحْم الدَّجاج

---

[2] Grammatically it should be تَعَوَّد النّاس.

ولَحْم الغَنَم و لَحْم العِجل و لَحْم الأرانب أيضاً والسَّمَك بِشَكْلٍ عامّ.

Answer in English:

1. The speaker states that Syrian food relies heavily on vegetables. How does she explain this?
2. What is the role of meat in Syrian food?

SEGMENT 3 TIME CODE: 0:29:56

ااا ألأَكْل العَرَبي مَشْهور بِدسَمه. مِنْ الأكْلَة العَرَبيّة[3] القدْرة والمْسَخَّن. والمْسَخَّن لَذيذٌ جِدّاً، وأعْمَلَه، هذا[4] أكْلَتي المُفَضَّلة، الدَّجاج مَع البَصَل والخُبزْ وهو لَذيذٌ جِدّاً.

(NOTE: The speaker answers a question posed by the interviewer.)

هَل أكَلْتِ في مَطاعِم عَرَبيّة هُنا في أمْريكا ؟

أَكَلْتْ هُنا في مَطاعِم عَرَبيَّة، نَعَم، والمَطاعِم هُنا الأَكْل لَذيذ أَيْضاً.

---

[3] This should be in the plural form. The use of the singular form is a natural mistake when the speaker is searching for the right words to express her or his thoughts.

[4] Obviously the speaker means to say هذه.

سؤال: يَعْني هل نَوعِيَّة الأَكْل في المَطاعِم العَرَبِيَّة هُنا في أمريكا تُساوي أَوْ تُضاهي نَوْعِيّة الأكْل في البَلَد؟

لا، لا تُضاهي كثيراً، لا، لَيْسَ بالْجَوْدَة الّتي تَكونُ في البَلَد. أشعُر أنَّ في بِلادِنا يَكون طَعْم الأَكْل، لا أَدْري، طَعْم الأَكْل يَكونَ مُخْتَلِفاً وطَريقَتُه وعَمَله <مُخْتَلِفان عَن أمْريكا>.

سؤال: هل تُفَضِّلينَ الأكْل العَرَبي عَلى الأَكْل الأَمْريكي؟

نَعَم، نَعَم، لأنّي مُتَعَوِّدَة على الأكْل العَرَبي، وَأنا، وَنَحْنُ نَعْمَل الأَكْل في البَيْت، نَعْمَل المْلوخِيَّة والمجَدَرة والمْسَخَّن والطّاجِن.

Answer in English:

1. What is the speaker's favorite dish?
2. Why does the speaker prefer Arab food to American food?

SEGMENT 4 TIME CODE: 0:31:16

وَمِنْ أَشْهَرَ الأَطْباق في بَلَدي هُناكَ طَعام الكُسْكُس وَهُوَ شَهير. هُناكَ ألكُسكُس بِنَوْعَيْه، بالخُضار وألكُسكُس الحُلو، وهُناك البَسطيلة، وهُناكَ أَطْباق شَهِيّة جِدّاً.

Answer in English:

1. What does the speaker say about couscous?
2. What are the dishes mentioned by the speaker as famous dishes in her country?

SEGMENT 5 TIME CODE: 0:31:29

كُل مَدينَة في سوريا تَشْتَهِر بِنَوْع مِنَ الطَّعام. فَعِنْدَك[5] مَدينَة حَلَب، مثلاً، هي ثاني مَدينَة في سوريا، في شَمال سوريا قَريبَة مِن الحُدود التُّركيَّة، هي مَدينَة تَشْتَهِر بالكَباب وبالكُبَّة وبأنْواع الكُبَّة، يَعْني، وبالمَشاوي وبالأَكْل الحارّ، يعني ال "سبايسي"[6]، يعني عِنْدَهُم

[5] The speaker is addressing a female interviewer.

[6] English expressions are often used by native speakers of Arabic, particularly those who have been exposed to life in America. We will encounter this phenomenon throughout this book.

الطَّعام، كْثير، بيعتمدو على التَّوابِل كَثيراً.

مدينَة دمَشْق أيضاً تَشْتَهِر بالكُبَّة وبالَمشاوي وبالأكْلات العَريقَة[7] الشَّعبِيَّة. الفول، مَثَلاً، كُلّ يوم جُمْعَة تَقريباً مُعظَم العائلات يَكون الإفْطار في البَيْت هو الفول الُمدَمَّس وعلى الطَّريقة الشّامِيّة الدِّمَشقِيِّة.

أنا بالنِّسبة إلي الأكْل الُمفَضَّل هو الأكل الَمطبوخ بالزَّيْت، يَعْني قَليل مِنَ اللَّحْم، أسْتَعمِل اللَّحْم وَلَكِنْ قليلاً. حتّى في بَيْتي هُنا في أَميرِكا أعتَمِد على الخُضار ولو أَنَّ هذه الخُضار هُنا في أَميركا تَختَلف كُلِّيّاً عن الخُضار في بِلادنا. طَعمْها، طَعْم الخُضار هُنا يَختَلف عَنْ طَعْم الخُضار في بِلادنا وأيضاً الفَواكه أيضاً. فألخُضار في بلادنا تَنْمو تَحْتَ أشعَّة الشَّمْس بِدون أيْ مَواد كيماوِيَّة تُغَذّيها، فَلَها نَكْهَتَها الطبيعِيَّة وقيمَتْها الغِذائيِّة أيضاً الطبيعيَّة.

---

[7] The same term was used by another speaker (Chapter 1, Segment 1) to refer to her family as a "deeply rooted, well-established" family. It is also used in Chapter 15, Segment 2, to describe the Russian culture.

Answer in English:

1. What is the speaker's view of the difference between vegetables in the US and in the Middle East?
2. What does the speaker say about the city of Aleppo?

SEGMENT 6 (COLLOQUIAL) TIME CODE: 0:33:12

Originally from the Galilee, the speaker currently lives, studies, and works in the Washington, DC, area.

ولكنْ في السَّبَب الثّاني اللّي أعتَقد بالنِّسْبَة للمَطاعِم هو مُجَرّد المَأْكولات، الخُضْرَوات واللُّحوم في أمْريكا نَوْعِيِّتْها ونَكْهِتْها تَختَلِف عن المَأْكولات، يَعْني، المَوجودة في بْلادْنا. هون الأُمور أَكْثَر، الزِّراعَة هون أكْثَر لِهَدَف تِجاري، فالأُمور تُصَنَّع، يَعْني، أَكْثَر ما إنْها زِراعة، بَيْنَما في بْلادْنا نحن لِسّا الأُمور أَكْثَر طَبيعِيِّة بالنِّسبَة لَلُّحوم، والمَزارِع مَفْتوحَة والخ.

بالنِّسبَة للخُضْرَوات يَعني ما في قُصِّة التَّسْميد وقُصِّة الرَّشّ بالأَدْوِيِة والخ، اللي كُلُّه بالتّالي بِأَدّي إنُّه طَعْم الفَواكه

والخُضْرَة تَخْتَلف. التَّخْزين مَوْجود مُشْكِلَة في أَمْريكا، التَّخْزين في الثَّلّاجات.

Answer in English:

1. What does the speaker say about agriculture in the US?
2. How does he compare it with agriculture in his country of origin?

Terminology

A. TOPICAL TERMINOLOGY

Arab food	الأَكْل العَرَبي
dishes	الأُكْلات = الأَكْلات
spices	تَوابِل = بِهارات
aroma	رَوائِح
kitchen	مَطْبَخ
vegetables	خُضار
fruits	فَواكِه
meat	لَحِم (= لَحْم)
chicken meat	لَحْم دَجاج
lamb meat	لَحْم الغَنَم
veal	لَحْم العِجِل
rabbit meat	لَحْم الأرانِب
fish	السَّمَك
famous for its richness	مَشهور بِدَسَمِه

cooking pot, kettle; here, refers to a dish made of rice, meat, chickpeas, spices and garlic	القِدْرة
msakhkhan: chicken cooked with onions and bread	المسخّن= الدَّجاج مع البَصَل والخُبْز
The food is delicious	الأكل لَذيذ
mulūkhiyya: a dark green leafy vegetable of the spinach family, generally prepared as a soup	الملوخيّة
majaddara: a dish made from *burghol* (cooked and crushed wheat) or rice, with lentils and caramelized onions	المجَدرة
tagine: meat and vegetable stew, often served with *couscous*	الطّاجِن
plate, dish, tray	طَبَق، أَطْباق
couscous: a famous North African dish made with couscous, a type of semolina	كُسْكُس
bastiila: a dish made of chicken, onion, ginger, saffron, eggs, ground almonds, allspice, cinnamon, and sugar in a filo pastry	البَسْطيلَة
very appetizing dishes	أطباق شَهِيّة جِدّاً
kabob	الكَباب
kibbeh: a mixture of fine cracked wheat, grated onion, and ground lamb pounded to a paste, eaten either raw or cooked	الكُبّة

grilled meat	المَشاوي
spicy food	الأَكْل الحارّ
fūl mudammas: fava beans mashed with olive oil, lemon, and garlic	الفول المُدَمَّس
food cooked with oil	الأكْل المَطبوخ بالزَّيْت
chemical materials, chemicals	مَواد كيماوِيَّة
manufactured	تُصَنَّع
using fertilizers	التَّسميد
spraying with pesticides	الرَّشّ بالأَدْوِيِة
storage	التَّخْزين
refrigerated storage	التَّخْزين في الثّلّاجات

B. Colloquial Expressions

here	هون = هُنا
until now/ not yet	لِسّا = حَتّى الآن
The question of using fertilizer does not exist	ما في قُصِّة التَّسْميد = مُشْكِلَة التَّسْميد غَيْر مَوْجودة

Exercises

A. WRITING ACTIVITIES

1. Select ten terms and expressions from those introduced in this chapter and formulate a sentence using each of them.

2. Write an essay of 50 words or more on your favorite dish. Describe whether you prepare and eat it at home or go out to restaurants to eat it, how often you eat it, and what it is made of.

B. SPEAKING ACTIVITIES

1. Translate and then answer *in Arabic* the comprehension questions that follow each of the segments in this chapter.

2. Discuss with your classmates your experience (if any) with Arab food or with dishes from other countries. Describe your favorite "foreign" dish.

التَّعْليم في العالَم العَرَبِيّ

Grammatical Features

Review the following:

- Form VI verbs (تَفاعَلَ): تَراجَعَ
- Ordinal numerals: ...أَلأَوَّل، الثّاني، الثّالِث

SEGMENT 1   TIME CODE: 0:34:21

The speaker is a former school principal in his native country of
Egypt. Currently he teaches Arabic at the Foreign Service Institute
in Arlington, VA.

نِظام التَّعْليم في بَلَدي: يَنْقَسِم التَّعْليم إلى أَرْبَع مَراحِل .
المَرْحَلة الأُولى هي المَرْحَلة الأَبْتدائِيَّة، والمَرْحَلة الثّانِيّة هي
المَرْحَلة الإعْدادِيَّة، والمَرْحَلة الثّالثة هي المَرْحَلة الثّانَوِيَّة،
والمَرْحَلة الرّابِعة هي المَرْحَلة الجامِعِيَّة. ويَتْليها بَعْد ذلك
مَرْحَلة ما بَعْد البَاكارليوس[1]، مِنْ ماجِسْتير أو دَرَجَة
الدُّكْتوراة.

Answer in English:

1. What are the major stages of education in the speaker's
   country?

2. According to the speaker, what follows the fourth stage
   of education in Egypt?

---

[1] The speaker misspoke; the correct phrasing would have been البَاكالوريوس.

SEGMENT 2 TIME CODE: 0:34:49

باعْتِقادي المَدارِس والجامعات بالتَّأكيد هي حاضِنَة كُبْرَى لِلُّغَة العَرَبِيَّة وتَدْريس اللُّغَة العَرَبِيَّة والأدَب العَرَبي بِشَكْل أساسي. يَعْني نَحْنُ تَعَرَّفْنا عَلى الأَدَب العَرَبي في البِدايَة مِنَ المَدارِس، عَرَفْنا الأدَب الجاهِلي والأَدَب الإسْلامي في مُخْتَلَف عُصورِهِ في المَدارِس، عَرَفْنا أيْضاً الفَلْسَفَة في المَدارِس.

Answer in English:

1. According to the speaker, when are students introduced to Arabic literature?
2. What are the subjects the speaker was introduced to in school?

SEGMENT 3

TIME CODE: 0:35:16

The speaker is an Egyptian with a degree in philosophy, who until recently was teaching Arabic at the Middle East Institute in Washington DC. Currently he is teaching Arabic at the University of Oklahoma.

نِظام التَّعْليم في مِصْر يَحْتاج إلى مُراجَعَة شَديدَة نَتيجَة لِلظُروف الإقْتِصاديَّة. أوَّلاً، نِظام التَّعْليم بِشَكِل عامّ يَحْتاج إلى كُلّ الْمُراجَعة لِإهْتِمام أكْثَر بالَمدارِس.

<ثانِياً>، الإهْتِمام بالتَّعليم التِّقَني، لأنَّ الإهْتِمام بالتَّعليم التِّقَني، لَيْسَ، غير وارِد في خِطَّة الحُكومة في مِصْر.

وَبِشَكْلٍ خاصّ أيْضاً على الْمُسْتَوى الإجْتِماعي، نَوْع مِنْ، هُناكَ نَوْع من الطَّبَقِيَّة ضِدّ التَّعْليم التِّقَني، فَ...لأَنَّ التَّعليم التِّقَني مُرْتَبِط دائِما بالفَشَل. أقْصُد بالتَّعليم التِّقَني مِن ناحِيَة التَّعليم الصِّناعي، الَمدارِس الثّانَوِيَّة الصِّناعيَّة، الزِّراعِيَّة، التِّجارِيَّة لأَنَّها دائِما مُرْتَبِطَة بالفَشَل في الطُّلاب مِنَ الَمْرْحَلة الْمُتَوَسِّطَة الّذين يُريدون الإلْتِحاق بالَمْرْحَلَة الثّانَوِيَّة ولكنَّهُم فَشَلوا في الحُصول على دَرَجات عالِيَة،

إذاً عليهم الاتّجاه إلى التَّعليم التِّقَني. فأصْبَحَت صورة نَمَطِيَّة أنّ التَّعْليم التِّقَني هُوَ تَعْليم الفاشِلون. وأرْجو في يَوم من الأيّام أنْ يَحْدُث أنْ تَهتَم الحُكومَة أكْثر بِدَفْع تَكْلفَة أكْثَر للتَّعليم التِّقَني لأنَّ هذا ما نَحْتاجَه في مِصْر. نَحْتاج إلى تَنْمِيَة التَّعليم التِّقَني لأنَّ كُلّ شَخْص يُريد التَّرْكيز إلى الدُخول إلى الجامِعَة إذا كانَ، أَوْ إذا كانَت، مُهْتَمّ أوْغَيْر مُهْتَمّ. وَعَلى سَبيل المِثال، تَجدي[2] سِتُمِئَة طالِب في صَفٍّ واحِد في الجامِعَة. كَم واحِد يَفْهَمونَ أوكَم واحِد يَعْمَلونَ بَعْد الحُصول على الشِّهادة الجامعية؟ يَعْمَلون بِكُل شيئ، ربما <كان يَجِب أنْ> يُوَفِّروا هذا الوَقْت ويَعْمَلون في أشياء أُخْرى.

Answer in English:

1. What is the speaker's definition of "technical education"?
2. What is the stereotypical image that the speaker addresses in this segment?

[2] The speaker is addressing a female interviewer.

SEGMENT 4 TIME CODE: 0:37:01

التَّعْليم في مِصْر يَعْتَمِد إعْتِماد كُلّي عَلى الحِفْظ وليس الفِهْم، ولذلك وَجَدْتُ بالمُقارَنَة هُنا، وَجَدْتُ إخْتِلاف كَبير كَبير بالنِّسْبة للتَّعْليم في دُوَل الغَرْب وَفي أمْريكا.

Answer in English:

1. What is the contrast the speaker is drawing in the first part of Segment 4?
2. What is the contrast the speaker is drawing in the second part of the segment?

SEGMENT 5 TIME CODE: 0:37:17

الجامِعات، في اعْتِقادي أنَّ ثَمَّة تَراجُع، يَعْني دَعْني أعْتَرِف في هذِه المَسْألَة إنُّه الجامِعات في عالَمِنا العَرَبيّ في السَّنَوات الأخيرَة أصْبَحَت أشْبَه ما تَكون إمْتِداد للمَدارِس أكْثَر مِنْها مَرْحَلَة إنْتِقالية كُبْرَى في حياة الأشْخاص. وهذا يَعود رُبَّما لِتَسْليع التَّعْليم، يَعْني أصْبَح العِلْم في كَثير مِن مَناطِق العالَم العَرَبي وأيضا العالَم <بِشَكْلٍ عامّ>

هو سِلْعَة، وهذا أسْوَأ ما يَحْدُث للتَّعليم، لَيْسَ على صَعيد اللُّغة فَقَط، أنا أقول هذا عَلى صَعيد الإنْسان كَكُلّ، عَلى صَعيد المَصير الإنْساني. مِنَ المُحْزِن أنْ يَصِل التَّسْليع إلى العِلْم في الجامِعات والمَدارِس أيْضا.

Answer in English:

1. What does the speaker think of the state of universities in the Arab world?
2. What is the reason he gives to explain his opinion?

SEGMENT 6 (COLLOQUIAL) TIME CODE: 0:38:06

Originally from the Galilee, the speaker is currently a graduate student at the University of Jordan in Amman.

مَساوِئ نِظام التَّعليم بالأُرْدُن، بالجامِعَة الأُرْدُنيَّة التَّربَوي، إنُّه بَعْطوش الطُّلّاب المَجال التَّطْبيقي لَمّا يِتْعَلَّموا المَواد النَّظَرِيِّة. إكْثير بِرَكّزوا عالنَّظَري للطّالب، إنُّه إحْفَظ، إحْفَظ وتَعال حِلّ الإمْتِحان، هذا كُلّ المَطْلوب مِنَّك. تَطْبيق المادّة اللّي تَعَلّموها مَفيش وَهذا ضُعف حَسَب

رأيي إنُّه بَعْدين بِصير يِطْلَع لِمَجال الشُّغل رَحْ يِكون كْثير صِعِب عليه لأنُّه وَفِش خِبْرة طَبعاً.

من ناحي ثاني[3] إنُّه بِعَلّموش مَهارات، مَهارات حَياتِيِّة، حياتيِّة للطُّلّاب، مثل إسْتِخدام الحاسوب، إسْتِخْدام "الإنْتَرنِت"، أَنْظِمَة البَحْث عن الأبحاث، مَقالات، مَفش منُّه. هذا ضُعف. إذا الإنْسان اليوم بِعْرَفِش هاي الشَّغلات صِعِب لَقُدّام يكَمِّل. وغير إنُّه مَهارات ثاني مِثل الخِدْمة، خِدْمة مُجْتَمَع، تَطَوُّع. كل هاي الأُمور، الحَرَكات الإجتِماعيّة مَفش منها بالجامْعَة حَسَبْ رِأْيي وما بِشَدِّدوش على أُسلوب التَّدخين، عَسُلوكات[4] التَّدخين بالجامْعة. <هُناك> إهْمال، إهْمال <وَ>عَدَم إهْتِمام بالتَّخَصُّصات المَوْجودَة.

---

[3] ناحِيَة ثانِيَة = ناحي ثاني

[4] عَسُلوكات = عَلى سُلوكيات (= سُلوك)

Answer in English:

1. What is the speaker's main critique of the university system in Jordan?
2. What does the speaker include in her definition of "practical skills"?

SEGMENT 7 TIME CODE: 0:39:13

ألأَجْيال الَّتي عَمِلْنا مَعَها في السَّبْعينات والثَّمانينات حتى أَوائِل التِّسْعينات كانَتْ أجيالٌ أَسْتطيع أنْ أَقول بِكُل فَخر أجيالٌ فَذَّة. ألجَميع أَرادَ أنْ يَتَعَلّم، ألجَميع إجْتَهَد. وَقَدْ تَخَرَّجَ في عَهْدي الكَثير من الأطّباء، المُحامون، المُثَقَّفون ألذين أعتزّ بِوجودِهِم كَجُزءٍ بانٍ في مُجْتَمَعْنا العَرَبي في الدّاخِل[5]. ولكِنْ في السَّنوات الأخيرة، وهُنالك أسبابٌ لا أُريد أنْ أوجِزُها وليس المَكان المُناسِب لِفَنْدها في هذه المُحادَثة القَصيرَة، أسْتطيع أنْ أقول أنّه حَدَث تَردٍ عَميق في التَّحْصيل العِلْمي لَدَى طُلّابنا. هذا التَّرَدي العَميق مَرْجِعَه نَوْع، دَعْني أَقول، نَوْع من الاسْتِنْفار الهائِل

[5] A reference to the Palestinian citizens of Israel.

للطُلّاب أو الشَّباب مِنْ سِن ثَمَنطعش إلى عِشْرين حَيْثُ لاقوا في تَربِيَتِهم الكَثير من الدَّلال، الكَثير مِنَ العَطاء مِنَ الآباء وَوَصَلوا إلى وَضْعٍ لا يَسْتَطيعونْ ولا يُريدونَ أن يَبْذِلوا ذَرَّة جُهْدٍ في بِناءِ مُسْتَقْبِلِهِم.

Answer in English:

1. How does the speaker describe the first generation of students he encountered as a teacher?
2. What reasons does the speaker in this segment give to explain the regression in education in his country?

Terminology

A. Topical Terminology

system		نِظام، أنْظِمَة
system of education		نِظامُ التَّعليم
stage		مَرْحَلَة، مَراحِل
stages of education		مَراحِل التَّعْليم
vocational-technical education		التَّعْليم التِّقَني
vocational education		التَّعْليم الصِّناعي
vocational schools		المَدارِس الصِّناعِيَّة
agricultural schools		المَدارِس الزِّراعِيَّة
business schools		المَدارِس التِّجارِيَّة
memorization versus understanding		الحِفْظ مُقابِل الفَهْم
specialization		تَخَصُّص، تَخَصُّصات
to graduate	V	تَخَرَّج، يَتَخَرَّج، تَخَرُّج
physician		طَبيب، أطِّباء
lawyer		مُحامٍ، مُحامون

educated person	مُثَقَّف، مُثَقَّفون
educational achievement	التَّحْصيل العِلْمي
failure/success	الفَشَل/ النّجاح
always connected with failure	مُرْتَبِط دائِما بالفَشَل

B. General Terminology

in my view	باعْتِقادي
nursemaid	حاضِنة
era	عَصْر، عُصور
possible/ not possible	وارِد/ غَيْر وارِد
picture	صورة، صُوَر
stereotypical image	الصّورة النَمَطِيّة
it depends on	يَعْتَمِد (على)
in comparison with	بالمُقارَنَة (مع)
therefore	ثَمّة
allow me	دَعني
extension	إمتَداد

commodity	سِلْعَة
commercializing	تَسْلِيع
fate, destiny	المَصِير
It is unfortunate, sad	مِنَ المُحزِن
iota of effort	ذَرَّة جُهْد
They don't want to spend an iota of effort in building (to build) their future	لا يريدونَ أن يَبْذُلوا ذَرَّة جُهْد في بِناء مُسْتَقْبلِهِم

C. Colloquial Expressions[6]

They don't give	بَعطوش = لا يُعْطونَ
a lot	كْثير = كَثير
They focus on	بِرَكّزو = يُرَكِّزونَ
on the theoretical	عالنَّظَري = على النَّظَري
He does not know	بِعْرَفش = لا يَعْرِفُ

---

[6] Notice the use of the letter ش at the end of several words in this group. In colloquial Arabic this letter usually stands for the word شَيئ (thing) and is very commonly used with verbs and with negation particles, as can be seen from these examples.

There is no	مَفيش = فِش= لا يوجَد
on the other hand	مِن ناحي ثاني = مِن النّاحِية الثّانيَة
this (f.)	هاي = هذه
They don't teach	بِعَلّموش = لا يُعَلِّمون = لا يُدَرِّسون
They don't emphasize	ما بِشَدِّدوش = لا يُشَدِّدونَ

D. CULTURAL EXPRESSIONS

pre-Islamic literature	الأَدَب الجاهِليّ
Islamic literature	الأَدَب الإسْلاميّ
Arabic language	اللّغَة العَرَبِيّة
Arabic literature	الأَدَب العَربيّ

Exercises

A. WRITING ACTIVITIES

1. Select ten terms and expressions from those introduced in this chapter and formulate a sentence using each of them.

2. Using the vocabulary from this lesson, write an essay of 60 words or more on the educational system in the United States. Include in your essay the distinction that exists between private and public schools. Address this issue and its correlation with socioeconomic conditions in the US.

B. SPEAKING ACTIVITIES

1. Translate and then answer *in Arabic* the comprehension questions that follow each of the segments in this chapter.

2. Discuss with your classmates the various images the above texts create in your minds regarding Arab education. Compare and contrast the Arab and US educational systems.

Chapter 7 Illiteracy in the Arab World

الأُمِّيَّة في العالَم العَرَبيّ

Grammatical Features

Review the following:

- Form VII verbs(اِنْفَعَل): اِنْعَكَسَ
- The negation particles عَدَم and غَيْر

غَيْر مَقبول، عَدَمْ السَّعيِ الجادّ

SEGMENT 1 (VERY RAPID)   TIME CODE: 0:41:08

The speaker is a journalist of Egyptian origin with a master's
degree in political science. Currently he lives and works in
Washington, DC.

قَضِيَّة الأُمِّيَّة، فَأَنا عُمْري أَرْبَعة وثلاثون عاماً ومُنْذُ نَشْأَتي

ومُنْذُ اسْتَطاعَتي القِراءَة وَالكِتابَة أَقرَأ عَنْ مُشكِلَة الأُمِّيَّة

وعَنْ النِّسْبة خَمسين–سِتين في المئة، والآن نَفْس النِّسْبَة بعد

ثلاثين عاماً من إسْتِطاعَتي القِراءَة. والمُشكِلة خَطيرَة جدًّا،

نِصْف العَرَب لايَسْتَطيعون القِراءَة وَالكِتابَة. هذه

مُشكِلة، ليس [1]، أَعْتَقِد أَنّها مُشكِلَة أَمْن قَوْمي، لَكِنْ

الحُكومات العَرَبِيَّة لا تَفْهَم هذه القَضِيَّة بهَذِهِ الخُطورَة.

نَحْن في عام أَلفين وأَرْبَعة والنّاس تَتَحَدَّث عَن "وايرْلِس

إنْتَرنِت" [2] وعن "تِكْنولوجي" [3] وأشياء كَثيرة "مور

سوفِسْتِكيتِد" [4] وَنِصْفْ العَرَب لا يستَطيعون القِراءَة

---

[1] This negation particle is out of place here, reflecting the speaker's search for a
better way to express himself.
[2] Wireless Internet
[3] Technology
[4] More sophisticated

والكِتَابَة. وأعْتَقِد هذا يَخدم الأنْظمة الحَاكِمة في الدُّول العَرَبِيّة. إذا كانَ نصْف سُكَّانَك أو نصْف رعيّتَك لا يَسْتَطيعون القراءةَ والكِتابَةَ فَلَن يكونَ لَهُم بالضَّرورَةِ أيْ مَطالِب سياسيّة أو إقْتِصاديّة أوْ إجْتِماعيَّة ويَكون مِنَ السَّهْل حُكْمَهَم. ولذلك أنا أتَّهم النُظم العربيّة بعَدَم السَّعي الجادّ لحَلّ هذه القَضيّة، وإنْ كانَت، أعْتَقِد، وأنا لَسْتُ خَبير[5] في كَيْفِيّةِ مَحو الأُمِّيّة، إنّها عَمَلِيّة سَهْلَة للغايَة.

لَيْسَ هُناكَ أيّ مبرّرات لوجود[6] نِسْبَة الأُمِّيّة بَيْنَ العَرَب إلى أنْ تَكونَ أكْثَر من خَمْسون[7] في المِئة، لَيْسَ هُناكَ مبرّر على الإطْلاق، لا دينياً ولا إجْتِماعياً ولا ثَقافيّاً. هذا

---

[5] As the predicate of the negation particle *laysa*, it should be لَسْتُ خَبيراً.

[6] The Egyptian way of pronouncing the letter ج.

[7] It should be خَمْسين (the genitive case following a preposition). This is another example of how even educated native speakers deviate from the standard rules of Arabic grammar.

شَيْء، لا أعْتَقد أنّه[8]، غير مَقبول في هذا الوَقْت من التّاريخ الّذي نَحْيا فيه.

Answer in English:

1. What does the speaker see as the Arab regimes' attitude toward الأُمّيّة?

2. Does the speaker see any justification for this phenomenon in the Arab world? Explain.

SEGMENT 2 TIME CODE: 0:42:26

أعتبر أنّ الأُمّيّة، أنا أعْتَبرُها، مِن وِجهة نَظَري الشَّخْصيَّة آفة كَبيرَة وَمِثْل الدّاء أَوْ المَرَض. والأُمّيّة لَيْسَتْ وَليدَة اليَوْم مع الأَسَف بَل هي إرْثٌ طَويل. وَنِصْفُ المُجْتَمَع العَرَبي الآن، إذا كانَ هذا الإحْصاء صَحيحاً، نِصْفُهُ مِنَ النّساء وجُزْءٌ كَبير مِنَ النِّساء يُعانينَ الأُمِّيَّة، وهذه الأُمِّيَّة من طَبيعَة الحال تَنْعَكِسُ على الأجْيال المُقْبِلة وعَلى التَّربيّة وَعَلى الرُؤيّة إلى المُستَقبَل.

---

[8] This phrase is out of place.

سُؤال: كَيْفَ يُمْكِن مُكافَحَتُها أومُحارَبَتُها؟
مُحارَبَة الأُمّية هي عَمَلِيَّة تَحْتاجْ إلى تَظافُر جُهود كَثيرَة، تَظافُر جُهود الحُكومات والمُنَظَّمات المُخْتَلِفَة والأَجْهِزَة المُخْتَلِفَة، سَواءٌ داخِل هذه البُلدان أوْ خارِجَها لِيَحْصُلَ، نَوْع مِن، نَوْع مِن إزالَة أوْ نَوْع من مَحوْ هذه الآفَة.

Answer in English:

1. How does the speaker characterize الأُمّية?
2. According to the speaker in this segment, what does it take to fight the phenomenon of الأُمّية?

SEGMENT 3 TIME CODE: 0:43:42

في الحَقيقَة لِوَقْت طَويل إنّ الأُمِّيَّة كانَت ظاهِرة خَطيرة في العالَم العَرَبيّ وفي مَصْر بالذّات. ولكِنْ في الأَيّام الأخيرَة وفي السَّنَوات القَليلَة الأَخيرَة وَضَعَت الحُكومَة المَصْرِيّة نُصْبَ أَعْيُنَها أنّ الأُمِّيَّة هي آفة يَجب أنْ تَسْتَأصِلْها كَثيرا. وألأُمِّيَّة في مَصْر تَتَرَكَّز في جَنوب مَصْر أيْ في صَعيد

مِصْر[9] حَيث نَبعُد كَثيراً عَن العاصِمَة وَعَن المُدُن الكَبيرة وَحَيْث لا تُوْجَد جامِعات كَثيرَة.

Answer in English:

1. In the opening paragraph of this segment, how does the speaker characterize الأُمّيّة in the Arab world and in Egypt?
2. According to the speaker, where is الأُمّيّة concentrated in Egypt, and how does he explain this?

SEGMENT 4 TIME CODE: 0:44:16

ألكثير من النّاس يعتقدو[10] أنّ نِسبَة التّعْليم في مصْر، لأنّها أكْبَر دَوْلَة عَرَبيَّة، نِسبَة عالِيَة. وَلكِن المُفاجَئَة أنَّ نِسبَة الأُمِّيَّة في مِصْر أكْثَر مِن خَمسونَ[11] في المِئة، كَما سَمِعْت.

Answer in English:

1. According to the speaker, why do many people believe that Egypt enjoys a high literacy rate?
2. What is the "surprise" described by the speaker?

---

[9] As can be seen from this segment, particularly the last line, native speakers use the terms مَصْر and مِصْر interchangeably for "Egypt."

[10] يعتقدو = يعتقدونَ

[11] See Footnote 7 in this chapter.

Terminology

A. Topical Terminology

illiteracy		أُمّيّة
illiteracy rate		نِسْبَة الأُمّيّة
eradicating illiteracy		مَحْوُ الأُمّيّة
combating illiteracy		مُحارَبَة الأُمّيّة
eliminating illiteracy		إزالَة الأُمّيّة
to uproot	X	استأصَلَ، يَسْتَأْصِلُ، اسْتِأصال
uprooting illiteracy		اسْتأصالُ الأُمّيّة
Illiteracy is a problem of national security		الأُمّيّة هي مُشْكِلَة أمْن قَوْمي
Illiteracy is a dangerous phenomenon		الأُمّيّة ظاهِرَة خَطيرة
Illiteracy is a social scourge		الأُمّيّة آفة

B. General Terminology

issue, problem		قَضِيّة، قَضايا
ratio, percentage		نِسْبَة، النِسْبَة المِئَوِيَّة
national security		أَمْن قَوْمي
dangerous		خَطير
danger		خُطورَة
system		نِظام، أَنْظِمَة
Arab regimes		الأَنْظِمَة العَرَبِيّة = النُظُم العَرَبِيّة
lack of		عَدَم
to seek	I	سَعَى، يَسْعَى، سَعْي
very easy process		عَمَلِيّة سَهْلَة لِلْغايَة
justification		مُبَرِّر
absolutely		عَلَى الإِطْلاق
plague (here, "scourge")		آفَة
malady, disease		داء
illness, sickness		مَرَض

newly born		وَليدَة اليَوْم
heritage		إرْث
statistics		إحْصاء
to suffer	III	عانى،يُعاني،مُعاناة
vision		رُؤْيَة (رُؤيا)، رُؤَى
joining efforts		تَظافُر الجُهود
instrument, equipment, appliances		جِهاز، أَجْهِزة
literally, "putting in front of his eyes"; here, "focusing on"		وَضَعَ نُصْبَ عَيْنَيْهِ
to concentrate	V	تَرَكَّزَ، يَتَرَكَّزُ، تَرَكُّز
surprise		مُفاجَئة، مُفاجَئات

SEGMENT 2 TIME CODE: 0:46:38

أعْتَقد إنَّه من حقّ كُلّ أُمّة أنْ يَكونْ لَدَيْها انْتقائيّة وهذا يُمَكِّنْها مِن الحِفاظ على هُوُيِّتْها وخُصوصِيَّتْها. وأنا بِرأيي الشّخْصي من الأفْضَل للعالَم أنْ يَبْقى فيه هذا التَّنَوُّع وأنْ تُحافِظ الأُمَم على قُدرِتْها ألإنْتقائيَّة بحيث أنا عِندما تُقَدِّم لي إنْتَ ثَقافَة ما وتَتَواصَل مَعي عَبْرَ هذه الثَّقافَة، من حقّي أنْ أُحافظ عَلى هُوِيَّتي وأَنْ آخُذَ منْكْ ما أَجِدُه مُجْدياً لي ويُمكن أَنْ يُتَمِم بعض النَّواقِص الّتي أُعاني مِنها. بِمَعْنى...

Answer in English:

Describe the speaker's views regarding:

1. Diversity (تَنَوُّع) in the world

2. The right to choose (اِنْتِقائِيّة)

3. Dialogue and communication (تَواصُل) among cultures

SEGMENT 3 TIME CODE: 0:47:09

فالدّين هو باعِث، هو وَصي يَدْعو إلى الخُلُق. لا تَتَدَيَّن، لا تكونَ[1] لا تكونَ مُتَطَرِّفاً في آرائِك الدّينيَّة، سَواءً كُنتَ مَسيحيٌّ أَوْ مُسْلِمٌ[2]، لَكِنْ الإعْتدال هُوَ الوَسَط. وأرْجو أنْ يَكونْ لهذه النَّزْوَة أو لِهَذِهِ الخِّفَة حَدٌّ أو حاجِز عَسَى وعَلَّ أنْ يَكونَ هذا الحاجِز برٌّ أمانٍ وبُعْدٌ عن الهاوِيّة.

Answer in English:

1. What is the speaker warning of in this segment?
2. What is his hope?

---

[1] It should be لا تَكُنْ, the imperative.

[2] Grammatically it should be مَسيحيّاً أَوْ مُسْلِماً.

SEGMENT 4 (COLLOQUIAL) TIME CODE: 0:47:44

أعْتَقد< أنّ> هُناكَ سوء فهم لِلْمَفْهوم النّوراني اللّي حَكينا عَنُّه اللّي هو الدّين الإسْلامي. الدّين الإسْلامي دين تَسامُح ودين سَلام وَدين حُبّ وَدين تَآخي. الرّسول صلّى الله علَيهِ وسَلَّم لَم يَقُم بِحَرْب عَلى الآخَرين إنْ لَم يُؤْذوه، وعَمِل،كانْ لَمّا يُدخُل المَدينة أو البَلَد اللى كانْ يُدْخُلها أو يِفتَحها كان يِعْمَل تَآخي بين الإسْلام والمَسيحِيّين واليَهود.

Answer in English:

1. Describe the speaker's view of Islam.
2. According to the speaker, what did the Prophet do when he entered new territory?

SEGMENT 5   TIME CODE: 0:48:14

<أَعْتَقِد> أَنَّ الإِسْلامَ قَدَّمَ بُعْداً حَضَارِيّاً مُتَكامِلاً و بُعْداً

ثَقافِيّاً مُتَكامِلاً، لِذلِكَ عِندَما نُلاحِظ في حَياتِنا في المُجْتَمَع

الإِسْلامي سَتَجِد أَنَّ القُرآن والسُّنة تَحَدَّثوا في جَميع أُمور

الحَياة، سواء الوَضْع³، الحَياة الإجْتِماعِيَّة، الحَياة اليَوْمِيَّة،

حَتَّى عَلاقَتِنا مع الأُمَم الأُخْرَى كُلِّها وَرَدَت فيل⁴ بالقُرآن

وعَمِل العُلَماء عَلَى تَفْسيرِها واجْتَهَد المُجْتَهِدون في هذا.

لِذلِك أَعتَقِد أَنَّ هذه الإِنتِقائِيّة مِن حَقّ كُلّ الأُمَم. ورُبَّما

خُصوصِيَّة العالَم الإِسْلامي تُعْطيه هذا الحَقّ بِصورَة كَبيرَة.

Answer in English:

1. What did Islam provide to the world, according to the speaker?

2. According to the speaker, what are the topics in the *Qurān* and the *Sunna*?

---

³ A misplaced phrase indicating that the speaker has changed her line of thought.

⁴ فيل = في أل

Terminology

A. Topical Terminology

religion		دّين، أديان
religious diversity or difference		ألتّنوُّع أو الإخْتِلاف الدّيني
religious difference is legitimate		الإخْتِلاف الدّيني مَشْروع
to believe	VIII	اعْتَقَدَ، يَعْتَقِدُ، اعْتِقاد
to believe in whatever he wishes		أنْ يَعْتَقِدَ فيما يُريد
personal freedom		حرّية شخصيّة
the Jews		اليَهود
Moroccan Jews		اليَهود المَغارِبَة
official religion		الدِّيانة الرَّسميَّة
There was ongoing dialogue		كانَ هُناك حِوار دائِم
There was mutual understanding		كان هُناك تَفاهُم
There was mutual respect, each side respected the other side		كان هُناك إحْتِرام كُلّ طَرَف للطَّرَف الآخر
political problems		مَشاكِل سياسيّة

problems of / related to democracy		مُشكلات الدّيمُقراطيَّة
reform		إصْلاح
new visions different from the old ones		رُؤى جَديدة مُختَلِفة عن الرُّؤى التَّقْليديّة.
nation		أُمّة
selectivity		انْتِقائيَّة
identity and special character		هويّة وخصوصيّة
enables her to preserve her identity and special character		يُمَكِّنُها من الحِفاظ على هويَّتها وخصوصيَّتها
diversity; also used to create constructs with "multi-"		تَنَوُّع
culture		ثَقافَة
religion provides the incentive		الدّين هو باعِث
guardian urging morality		وَصي يَدْعو إلى الخُلُق
to become religious	V	تَدَيَّنَ، يَتَدَيَّنُ، تَدَيُّن
don't be extreme in your religious views		لا تَكُنْ مُتَطَرِّفاً في أرائك الدّينيّة
whether you are … or …		سَواء كان ...أو= سَواء كان ...أم

Christian	مَسيحيّ
Muslim	مُسْلِم
moderation	الإعْتِدال
the middle	الوَسَط
the Islamic religion	الدّين الإسْلامي
a religion of tolerance, peace, and brotherhood	دين تَسامُح ودين سَلام ودين تآخي
the Prophet, peace be upon him	الرّسول صلّى الله علَيهِ وسَلَّم
Islamic, Christian, Jewish brotherhood	تَآخي بين الإسلام والَمسيحيين واليَهود
Islam has provided a complete civilization	الإسْلام قَدَّمَ بُعْداً حَضارِيّاً مُتَكامِلاً
a comprehensive cultural teaching / dimension	بُعْداً ثَقافِيّاً مُتَكامِلاً
the *Qurān*	القُرآن
the *Sunna*	السُّنة
all aspects of life	جَميع أُمور الحَياة
social life	الحَياة الإجْتِماعِيَّة
daily life	الحَياة اليَوْمِيَّة
our relations with other nations	علاقِتنا مع الأُمَم الأُخْرَى

(religious) scholars		عُلَماء
interpretation		تَفْسير
to exert efforts	VIII	اِجْتَهَدَ، يَجْتَهِدُ، اِجْتِهاد
The (Islamic) scholars made an effort		اِجْتَهَدَ المُجْتَهِدون

Exercises

A. Writing Activities

1. Select ten terms and expressions from those introduced in this chapter and formulate a sentence using each of them.

2. Write an essay of 50 words or more on religion in America.

B. Speaking Activities

1. Translate and then answer *in Arabic* the comprehension questions that follow each of the segments in this chapter.

2. Discuss with your classmates the place of religion in the US and in the Western world in general.

Chapter 9 — The *Ḥijāb* in Islam

الحِجابُ في الإسْلام

Grammatical Features

Review the following:

- Verbs whose first radical is و in the imperfect of Form I:

  وَجَدَ :نَجِد أَنَّ الجَنين هُوَ أَغْلَى ما تَمْلِك المَرأة

- The expression مِنَ الصَّعب:

  فَمِنَ الصَّعْبِ أَنْ تَعْرِفَهُ إذا كانَ مُحَجَّباً

SEGMENT 1 TIME CODE: 0:49:14

الحَقيقَة أنا أشْعُر أنَّ اللهِ سُبْحانه وتَعالى يُحِبّ الجَمال. أُنْظُر حَوْلَنا هذه الأشْجار وهذه السَّماء والشَّمْس كُلّها تَحْمِل الجَمال. لذلك لا أظُنّ أنّ الهَدَف مِن غِطاء الرّأس للمَرأة هو إخْفاء جَمالَها، بالمَعْنى[1]: هو خَلَقها جَميلة وأراد أنْ تَكون جَميلَة. ولكِنْ الله سُبْحانه وتَعالى يُحافِظ عَلَى هذه المَرأة. كَما قالت ريما، إذا نَظَرنا في الحَياة نَجِد أنَّ الجَنين هو أغْلَى ما تَمْلِك المَرأة وهو في رحْمِها هو، هو، داخِل هذا الحِجاب. اللُّؤلُؤَة في البَحر هيَ داخِل المَحارَة، داخِل هذا الحِجاب.

كُلّ الأشْياء ال ال ذات القيمَة العالِيَة والجَميلة نَجِد أنَّها في حِجاب يَحْميها، والمَرأة في حِجاب يَحْميها. كَذلِك، يَعني، أرى أنَّ المَرأة الحِجاب لا يُمَثِّل لها فَقَط ،يعني، هوَ

[1] - هذا يَعني

لا يُشَكّل مَظهَر ديني بقَدَر ما يُشَكّل إنْعِكاس لِما تَعتَقِد به المَرأة.

فَالحْجاب الذي أرْتَديه على رأْسي هُوَ لَيْس قِطْعَة مِنَ القِماش على رَأْسي، هو مَجْموعَة أفْكار أَحْمِلْها في رَأْسي. فالبَعْض تَعامَل مَع الحِجاب وكَأَنّه مَظْهَر، مَظهَر ديني فَقَط لتَمْييز المَرْأة المُسْلِمة عن غَيْرِها وأنا أَقول "لا"، هُوَ يَحْمِل إعْتِقادْها بالله سُبْحانه وتَعالى، وهُوَ طاعَة الله وَهُوَ جُزْء رَئيسي مِنْ مِنْ حَياتِنا الدّينيّة.

Answer in English:

1. What is the role of الحِجاب according to the speaker in this segment?
2. Does the speaker think that the aim of الحِجاب is to hide a woman's beauty? Why or why not?
3. Does she agree with the view that the aim of الحِجاب is to separate Muslim women from non-Muslim women? Why or why not?
4. The speaker talks about الجَنين (the embryos). Explain the context in which she does so.

SEGMENT 2 (COLLOQUIAL) TIME CODE: 0:50:33

هذا <من> مَبادِئ الدّين الإسْلامي، مِنْ أساسِيّات الدّين الإسْلامي.

والقرآن بِنُص عليه إنّه في آية بِالقرآن بِتْقول "وأنْ يَضْرُبْنَ بخمورِهِنَّ على جُيوبِهُنَّ"[2] يَعْني أنْ يَضَعْن الخِمار حتّى يستّرو. أصْلاً الشّعر هُوَ مِنْ مَفاتِن المَرأة وتاج جَمال المَرْأة هو شَعِرْها. وَدين الإسْلام بِحرَص على أنّه يَكون في عِفّة وفي طَهارة بين، يَعْني، الرِّجال والنِّساء وَتْكون المَرأة تِعْتَزّ، نِعْتَزّ إحْنا بِهذا الحِجاب اللي إحْنا حاطّينو(٥).

Answer in English:

1. What is the speaker's interpretation of the *qur'ānic* verse that appears in this Segment?
2. What is the speaker's understanding of the Islamic view regarding relationships between men and women?

[2] "And let women wear their head coverings over their bosoms." This quotation is part of a more comprehensive verse from the *qur'ānic* chapter "The Light" (Chapter 24, Verse 31).

SEGMENT 3 (COLLOQUIAL) TIME CODE: 0:51:06

الحِجاب في الإسْلام هو كَوْني كَإمْرَأة لازِم وَهذا واجِب وَفَرْض عَلينا كإمْرَأة. ما في مَجال إنُّه ينْشَلَح أَوْ ينْشال، بمَعْنى، كَونُه إحْنا بقوينا كإسْلام وأنا بالطَّبع إمْرأة مُسْلِمة فَبالتّالي أنا بَتْقَيّد بْديني، فَصَعْب إنّي أنا أشْلَح الحِجاب. وهُوَ بَرْضُه، بَعْتَقِد أنا بنَظَري، إنه حِفاظاً إلي، يَعْني بَحافِظ على جَمالي بِلبْس الْحِجاب.

Answer in English:

1. Why does the speaker say that she cannot take off الحِجاب?
2. In the last sentence of the segment, what does the speaker say is the purpose of الحِجاب?

SEGMENT 4[3] (COLLOQUIAL) TIME CODE: 0:51:29

لَمّا، مَثَلاً، إنْتَ تيجي تِسْأل شَخْص أَصَمّ وبْتِتْحَدَّث مَعُه إنتَ، يَعْني عَفواً الشَّخْص اللّي يْكون مُقابِل إلها بِتْكون مُحَجَّبَة، كيف بَدْها تِعْرَفه؟ كيف رايحة تِعْرَفُه؟. ولكن بالْمُقابِل، إذا كان الشَّخص مِش مُحَجَّب، بْتِحكي[4] إنُّه لَمّا يْكون مُحَجَّب <أو> مُنَقَّب، يعني بِتِحْتار مين هذا وكلّ مَرّة بْتِعْتَقِد إنُّه شَخص ثاني وبْتُقْعُد فَتْرَة طويلة حَتّى تَسْتَطيع تِتْعَرَّف على الشَّخص الْمُقابِل إلها. لكن إذا كان الشَّخص غير مُحَجَّب إلها بْسُرْعَة بِتْصير تِعْرَف الشّخص اللّي بِحْكي مَعْها وبْتِفْهَم عليه بَرْضُه بْسُرْعَة وبْتِعْرِف الشَّخْص مين، يَعني مِن وِجْهُه، مِن عْيونُه، مِن جِسْمُه. أمّا إنْ كان مُحَجَّب، طَبعاً النِّقاب عِنّا بُشْمل نِقاب

[3] The woman on the left is deaf and is using Jordanian Sign Language. She teaches at a school for deaf children near Amman. The woman on the right is hearing and is a sign language interpreter. She translates from Jordanian Sign Language into spoken Arabic and vice versa.

[4] بْتِحكي =هِيَ تقول

الوَجْه وفي لِبس عَباية خاصّة، فَمِن الصَّعب إنْها تعِرفه إذا كان مُحَجَّب، أما إذا كان مَكْشوف وما في لِبس خاصّ للمُنَقَّبين بْسُرْعَة بْتِعْرَفُه.

سُؤال: في اليَمَن في قانون <بخُصوص الحِجاب>؟

آ، في اليَمَن في قانون خاصّ إنّهُ المُحَجَّبين، لكِنْ في مَدارِس اللّي هي داخْلِيّة إلهُم، للصُّم، فَبْيِرْفَعوا الحِجاب وبتعامَلو مَعْهُم عادي، يَعْني الوَجْه بِكون هُم شايْفينوه.

Answer in English:

1. From the speaker's point of view, is wearing الحِجاب useful for communication between deaf people? Explain.
2. What does the speaker say about the wearing of الحِجاب in Yemen?

Terminology

A. TOPICAL TERMINOLOGY

head scarf	الحِجاب
praise to the Lord	الله سبحانه وتعالى
obedience	طاعَة
belief	اِعْتِقاد
qur'ānic verse	آية في القُرآن
abstinence, decency, modesty	عِفّة
purity	طَهارَة
religious manifestation or appearance	مَظْهَر ديني
duty	فَرْض

SEGMENT 1 TIME CODE: 0:52:55

The speaker is of Lebanese origin and holds a doctoral degree in political science from an American university, with a specialization in democratization in the Middle East. Currently he works in Washington, DC.

سُؤال: أنْتَ تَعْرِف أَنَّ اللَّهَجات العَرَبِيَّة تَخْتَلف مِنْ بَلَد إلى بَلَد. وَهذا لَهُ، طَبْعاً، إيجابِيّات وسَلْبِيّات. هَلْ هَذِهِ مُشْكِلَة بالنِّسْبَة لَكَ؟ كَيْفَ تَنْظُر لِلْعَلاقَة بَيْنَ الفُصْحَى والعامِيَّة؟ و كَيْفَ تَتَدَبَّر أمورَكَ عِندَما تَلْتَقي بِشَخْص عَرَبِيّ مِنْ بَلَد آخَر؟ ما هِيَ لُغَة الحِوار؟

بالحَقيقة هذه لم تَكُن، حَتَّى الآن، لَم تَكُن مُشْكلة عِندي، لأَنّ لُغَة الحِوار بالحَقيقة هي <ال>لُّغة العاميّة، ما نُسَمّي العامِيَّة، نَحْن لا نَتَكَلَّم بالفُصْحى دائماً ولَكِنْ عِنْدَما يَكون هُنالكَ مُشْكِلَة أعود إلى الفُصْحى وأتَكَلم بالفُصْحى مع أي شَخْص. مَثَلا في فَتْرَة من الفَتَرات تَعَرَّفْت على أشْخاص مَغرِبيين، مِنَ المَغْرِب، وَكانَت

لُغَتَهُم العامِيَّة صَعْبَة لي بَيْنَما اللُّبْنانِيَّة لم تَكُنْ صَعْبَة بالنِّسْبَة لَهُم وَلِهذا اضْطُرِرْتُ أنْ أسْتَخْدِم كَثير مِنَ المُصْطَلَحات والجُمَل الفُصْحى لِلتَكَلُّم مَعَهُم حَتّى يَفْهَمونَني.

Answer in English:

1. When does the speaker feel the necessity to resort to the use of الفُصْحى in communicating with Arabs from other Arab countries?
2. Describe the speaker's experience in communicating with people from Morocco.

SEGMENT 2 TIME CODE: 0:53:53

كُنّا نَتَمَنّى أَنْ تَكون اللَّهْجَة واحِدَة وَهِيَ اللُّغَة العَرَبِيَّه، يَعْني اللُّغَة العَرَبِيَّه الفُصْحى، لَكِنْ هذا الأمْر لا يَتِمّ بالأُمْنيات ، وَقَدْ جِئْنا واكْتَشَفْنا أَنَّ هذه اللَّهَجات مَوْجودَة. لكِنْ أنا في اعْتِقادي هِيَ لا تُشَكِّل مُشْكلة على صَعيد اليَوْم لأنّنا دائماً نَسْتَطيع أن نَخْلقْ لَهْجَة وَسيطَة في لِقاءْنا بِأيّ إنْسان عَرَبي سَواءً كانَ ذلِكَ في المَغْرب أَوْ

سَواءً كانَ ذلِكَ في مِصْر أوْ في أيّ بَلَد عَرَبي. يَعني هُناكْ، لَيْسَتْ هُناكْ صُعوبَة تَواصُل على الإطْلاق، لأنَّ، لأنّني أكْتَشِف دائماً أنَّ هُناكْ أيْضاً شيئ مُشْتَرك في العالَم العَرَبي هِيَ الفُنون، والفُنون رُبَّما السّينما بِشَكْل أساسي، رُبَّما الأَغاني بشكل أساسي وهذِهِ هِيَ مَسْموعَة في كُلّ مَكان. وبالتّالي أيضا تُوجد لُغَة ثالِثَة مُخْتَلفة، يَعْني بَعيدًا عَنْ اللُّغَة الفُصْحى واللُّغة المَحَلِيَّة في كُلّ بَلَد.

Answer in English:

1. What wish does the speaker express in the opening sentence of the segment?
2. What role does art play in the Arab world, according to the speaker in this segment?

SEGMENT 3 TIME CODE: 0:54:58

هذا تَنَوُّعٌ كَبير في العالَم العَرَبي بِخُصوص اللَّهَجات المَحَلِيَّة. إذْ، كَما تَعْلَمون، في نَفْس البَلَد نَجدُ إخْتِلاف في اللَّهْجَة ما بَيْنَ مَنْطَقَةٍ جُغْرافِيَّة وَمَنْطَقَه أُخْرى، فَمَثَلا

اللَّهَجات المُعْتَمدة أحْياناً في جَنوب بَلَدْ ما تَخْتَلِفُ عن اللَّهَجات أوْ اللّهْجَة المُعْتَمَدة في الشَّمال واللّهجة المُعْتَمَدة في الغَرْب تَخْتَلِفُ عن اللّهْجة المُعْتَمَدة في الشَّرق.

بالنِّسْبَةِ للتَّواصُل[1] مع مُواطِن عَرَبي من بَلَد آخَر، أعْتَقِد أنَّ العَمَلِيَّة تَكونْ سَهْلَة جِدّاً عِنْدَما يَكونُ الطّرَفان دارِسان لِلُّغَة العَرَبِيَّة الفُصْحى، لا تَكونْ هُناكَ مَشاكِل لأنَّ اللَّهَجات هِيَ مُحَمَّلَة بِكَلمات عَرَبِيَّة كَثيرة.

سؤال: وهل تَعتَقِدين أنَّ هُناكَ ضَرورة لاسْتِعمال الفُصْحى العامِيّة لِلحِوار بين العَرَب، أَوْ لُغَة المُتَعَلِّمين؟

أعْتَقِد أنَّ لَوْ كانَتْ أو لَوْ كانَتْ هُناكَ إمْكانِيّة لِلْحِوار أو لِلمُناقَشَة باللُّغَة العَرَبِيّة الفُصْحى سَتَكونُ أَحْسَنْ، وَسَيَكونْ هُناكْ، وَسَتَكونْ هُناكَ إسْتِفادَة أكْثَر.

[1] The way the speaker pronounces this term is لِألتَّواصُل, which is a combination of the preposition لِ followed by the verbal noun التَّواصُل.

Answer in English:

> 1. In what context does the speaker use the term "diversity"
>   (تَنَوُّعٌ)?
>
> 2. What does the speaker advocate in this segment?

SEGMENT 4 (VERY RAPID)   TIME CODE: 0:56:14

إذا قابَلْتْ شَخْص مِنَ المَغْرِب أَوْ مِنْ دُوَل المَغْرِب العَرَبِي
فأُحاوِل أَنْ أُخاطِبَه في اللُّغة العَرَبِيّة الفُصْحى حَيْثُ إِنَّه مِنَ
الصَّعْب عَلَيَّ أَنْ أَفْهَم اللَّهْجة المَغْرِبيَّة أَوْ الجَزائِرِيَّة
بِسَلاسَة. في حين إذا قابَلْتْ شَخْص من الشّام أو من
العِراق فأنا أَسْتَطيع أَنْ أَفْهَم كُلَّ شَيْئ. وَلَكِنْ التَّحَدُّث
بِاللُّغَة الفُصْحى أَسْهَل لِكُل الأَطْراف.

Answer in English:

> 1. When does the speaker try to converse in الفُصْحى؟
>
> 2. When does the speaker feel he does not need to use
>   الفُصْحى؟

SEGMENT 5 TIME CODE: 0:56:33

مُنْذُ الطَّفولَة كُنّا نَتَكَلَّم باللُّبْنانيَّة اللَّهْجة الشَّماليَّة وَعِنْدَما إنْتَقَلْتُ مِنْ الرّيف إلى العاصِمَة كُنْتُ أحْياناً مَدْعاة للسُّخْرِيَة بِسَبَب لَهْجَتي الغَيْر بَيْروتيَّة. وَعِنْدَما إنْتَقَلْتُ لاحِقاً مِنْ بَيْروت إلى فيلادلفيا[2] والتَقَيْتُ عَرباً أصْبَحَ الأمْر أكْثَر مُسْتَعْصِياً وَهُناكَ، وَهُناكَ، أُناسْ يُواجِهونَني بالْقَوْل "ماذا تَتَكَلَّمين، أَهذه عَرَبِيَّة؟" نظراً إلى نُعومَة اللَّهْجة اللُّبْنانيَّة ورَكاكَتِها أحْياناً.

وَمِنْ هُنا بَعْدَ إخْتِلاطي مع الكَثير من العَرَب، فِلَسْطينِيّين، جَزائِرِيّين، مَغْرِبِيّين، وَطَبْعا مَصْرِيّين، طَوّرتُ لَهْجَتي وَعَدَّلْتُها لِتُناسِبَ، لِتُناسِبَ، لِتُناسِبَ الُمجْتَمَع الذي أَخْتَلِط بِهِ. ومن هُنا تَسْمَعينَني أَحْياناً أَقول كَلمات مَصْرِيَّة أَوْ فِلَسْطينيَّة مِثْل "آ"، لِأَقول "نَعَم" بَدَلاً مِن "أي" اللُّبْنانيَّة ، أَوْ أَقول "إزايَك" بَدَلاً مِنْ "كيفَك"، أو"كيف حالَك"

[2] The city of Philadelphia in the US.

عَلى الفِلَسْطيني أو "إشي" أو "أشي". فَهُناكَ العَديد مِن اللَّكْنات وَالْعَديد مِن اللَّهَجات. إنَّما يُمْكِن لِلْمَرْء أنْ يَجِدْ لَهْجَةً مُعَدَّلة أحْياناً سَتَكون أَقْرَب إلى المَصْرِيَّة، إذْ أنّنا، إذْ أَنَّ اللَّهْجَة المَصْرِيَّة هِيَ المُتَداوَلَة أكْثَر الشَّيئ نَظَراً لِلسّينَما المَصْرِيَّة وَلِل وَلِل ولِتاريخ الصَّحافَة المِصْري.

Answer in English:

1. Why was the speaker made fun of?
2. What does the speaker advocate at the end of the segment?

SEGMENT 6 TIME CODE: 0:58:36

والله بالنِّسْبَةَ لي كَمَصْري لَيْسَت هذه مُشْكِلَة لأنّني مِنْ مِصْر وَأَنا أَعْرَفْ أنّ اللُّغَة المِصْرِيَّة، اللُّغة المِصْرِيَّة المَحْكِيَّة، يَعْرِفْها جَميع النّاس في الدُّوَل العَرَبيَّة وَهذا بِسَبَب أنّ أَفْلامَنا وَصُحُفَنا والتِّلْفِزيون العَرَبي هُوَ مَليئ بِالمادَّة المَصْرِيَّة.

والله في رأيي أنّ إسْتِخدام اللُّغَة الفُصْحى هُو شَيئ مُهِمّ

جِدّاً حَتَّى تَتَلَاشَى فِي وَسَطِهِ اللَّهَجَات لِأَنَّ الفُصْحَى هِيَ
مَصْدَر اللُّغَة الأَساسِي.

فَإِذا أَنا أَتْقَنْتْ الفُصْحَى وَأَذْهَبْ إِلى السُّودان، مَثَلاً،
وَأَتَكَلَّم الفُصْحى فالسُّوداني يَفْهَمَني، ثُمَّ إِنْتَقَلْتُ مِنَ
السُّودان إِلى السُّعودِيَّة وَتَكَلَّمْتُ الفُصْحى ولا أَتَكَلَّم
اللَّهْجَة السُّعودِيَّة فالسُّعودي يَفْهَمَني.

Answer in English:

1. The speaker states that it is not a problem for him to communicate with Arabs from other countries. How does he explain this?

2. According to the second paragraph of the segment, why does the speaker think that using الفُصْحَى is important?

SEGMENT 7 (COLLOQUIAL) TIME CODE: 0:59:28

بْتِخْتْلف إشارَة اللُّغة المَصْرِيَّة عَن اللُّغة الأُرْدُنِيَّة، مِش
شَرِط لَهجَة، هِيَ لُغَة الإشارَة مُختَلفة. لُغَة الإشارَة
الأُرْدُنيَّة ولُغَة الإشارَة المَصْرِيّة مُختَلفَة. في العِراق < لُغَة
الإشارَة > قَريبة شوية. < في> سوريا <لُغَة الإشارَة>
بَرْضُه قَريبة عَلينا ولُبْنان نَفْس الشَّيء وفِلِسْطين، إشارِتنا
مُخْتَلفة بأشْياء، اختِلاف بَسيط، بَس مَصْر إخْتلاف كُلّي
واليَمن إخْتِلاف كُلّي. يَعْني في إخْتِلاف مِنْ دَوْلة لَدَوْلة.

Answer in English:

1. According to the speaker, is there a universal sign language?
2. Which sign languages are close to Jordanian Sign Language, according to the speaker?

Terminology

A. Topical Terminology

language		لُغَة، لُغات
sign language		لُغة الإشارَة
dialect		لَهْجَة، لَهَجات
fuṣḥā		الفُصْحَى
the spoken language		العاميَّة = اللُّغَة المَحْكيَّة
word		كَلِمة، كَلِمات
agreement, generally accepted, technical term		مُصْطَلَح، مصْطَلَحات
to speak		يَتَكَلَّم
argument, debate		مُناقَشة = نِقاش
communication		تَواصُل
dialogue		حِوار
language of dialogue		لُغَةُ الحِوار
use of language		إسْتعمال اللُّغَة = إسْتِخْدامُ اللُّغة
to be current, in use, in circulation	VI	تَداوَلَ، يَتَداوَلُ، تَداوُل

current, in use, in circulation	VI, passive	مُتَداوَل
the commonly used dialect		اللَّهجة المُتداوَلَة
shallow		رَكاكَة
weakness in expression		رَكاكة اللُّغة = رَكاكة في اللُّغة
badly structured sentences		لُكْنَة، لَكَنات

B. General Terminology

to be named	II, passive	سُمِّيَ، يُسَمَّى، تَسْمِية
the so-called		ما يُسَمَّى
at a certain period in time		في فَتْرَة مِن الفَتَرات
to force, coerce, compel	VIII	اِضْطَرَّ، يَضْطَرُّ، اِضْطِرار
to be forced, compelled	VIII, passive	اُضْطُرَّ، يُضْطَرُّ
to form	II	شَكَّلَ، يُشَكِّلُ، تَشْكيل
to pose a problem		تُشَكِّل مُشْكِلَة
middle		وَسيط
middle dialect, (something between ʿ*āmiyya* and *fuṣḥā*)		لَهْجة وَسيطَة
be it … or …		سَواء كان أو سَواء

art		فَنّ، فُنون
diversity		تَنَوُّع
applied		المُعْتَمَد
applied dialects		اللَّهَجات المُعْتَمَدة
to be loaded with		مُحَمَّل
ease, facility		سَلاسَة
I understand with ease		أفهَم بِسلاسَة
I speak with ease		أتَحَدَّث بِسلاسة
the countryside		الرّيف
subject of derision		مَدْعاة للسُخْرِية
difficult, intricate		مُسْتَعْصِياً
more difficult		أكْثَر مُسْتَعْصِياً
to amend, to balance, to adapt	II	عَدّلَ، يُعَدِّل، تَعْديل
adapted dialect		لَهْجَة مُعَدَّلَة
considering, due to		نَظَراً ل

The Egyptian dialect is the most commonly used due to the (impact of) Egyptian movies		اللَّهجة المصريَّة هي المُتَداوَلة أَكْثَر الشَّيْء نَظَراً للسينَما المِصْرِيَّة
to disappear, to vanish	VI	تَلاشَى،يَتَلاشَى، تَلاشٍ

C. Colloquial Expressions

yes	آ = إي = نعم
How are you?	إزايَك = كيفَك = كَيْف حالُكَ
a thing	إشي = شَيْء
more or less close	قَريبَة شوَية = قَريبَة بعض الشّيْء
at the same time	بَرضو= في نَفْسِ الوَقْت
There is, there are	في = يوجَد =هُناكَ

Exercises

A. WRITING ACTIVITIES

1. Select ten terms and expressions from those introduced in this chapter and formulate a sentence using each of them.

2. Using as many terms as possible from this lesson, write an essay of 60 words or more to describe the issue of العاميّة versus الفُصْحى as you understand it. What are the possibilities presented by the various speakers to bridge the gap between speakers of different dialects?

B. SPEAKING ACTIVITIES

1. Translate and then answer *in Arabic* the comprehension questions that follow each segment in this chapter.

2. Discuss briefly with your classmates the phenomenon of الفُصْحى and العاميّة.

   a.   Refer to Segment 5 of this chapter, and state the examples the speaker mentions in order to explain how she adjusts to a new language environment.

   b.   Refer to previous chapters in this book and find a total of ten عاميّة terms used by various speakers and use them in sentences of your own.

   c.   Discuss the phenomenon of spoken language vs. written language in other languages with which you are familiar.

Chapter 11 Customs and Traditions in the Arab World

العادات والتَّقاليد في العالَم العَرَبِيّ

Grammatical Features

Review the following:

- The expressions جُزء لا يَتَجَزَّأ and أَخَصُّ الخُصوصِيّات
- The use and meaning of the verb يَتَعَوَّدُ
- The accusative of specification (التّمييز): الأَكْبَر سِنّاً

SEGMENT 1 TIME CODE: 1:00:07

فِي بِلادِنا هُنالِكَ الإِحْتِرام الكَبير لِلْعائِلَة ولِلأَشْخاص الكِبار، لِلأَكْبَرِسِنّاً يَجِب أَنْ يكون الإِحْتِرام دائِماً. والأَطْفال يَتَعَوَّدون عَلى هذا، على هذا النَّوع مِنَ الإِحْتِرام.

العادات عِنْدَنا هِيَ المُحافَظَة، التَّرْبِية، مُحافَظَة على راحَة الغَيْر، وَيَكون هُنالِكَ دائِماً حِساب لِلآخَرين: ماذا سيقولو[1] عَنّا؟ ماذا سَيقولُ الأَهْل والأَعْمام وأَوْلاد الأَعْمام عَنْ أَولادِنا؟. وَيَجِب أَنْ يكونوا بالمَدْرَسَة جَيِّدون ولَهُم عَلامات ودَرَجاتٍ عالية كَيْ يَتَفاخَروا بِنَفْسِهُم ولا يُذِلُّوا نَفْسَهُم أَوْ يَشْعُرون بالدّونِيّة أمامَ أَقْرِبائِهم وقَرائِنَهُم، هذا مُهِمّ جِدّاً. كُلّ شَيء يُحْسَبْ حِسابَهُ كَيْ يَكونَ

[1] ماذا سَيقولونَ =. As can be observed throughout this book, native speakers ignore the “n” at the end of the third person masculine plural imperfect.

<الفَرْد> في المُجْتَمَع مُحْتَرَماً، هُوَ يَحْتَرِم نَفْسَهُ، كُلّ فَرْد يَحْتَرِمُ نَفْسَهُ لِيَجْعَل الآخَرين يَحْتَرِموه ويَنْظَرون لَهُ بِنَظْرَةٍ عالِيَة ومُحْتَرَمَة.

Answer in English:

1. What are the characteristics of the Arab family mentioned by the speaker?
2. According to the speaker, why do children need to do well in school?

SEGMENT 2 **(COLLOQUIAL)** TIME CODE: 1:01:27

النّاس قَريبن جِدّاً من بَعْضهُم، النّاس في تَقارُب كْثير، الأشْخاص بِعْرَفوا بَعضهم، بْتعْرَف تَفاصيل حَياة الآخَر، يَعني ما في إنْسان في القَرْية مَوْجود إلّا إنْتِ بتعرفي عَنُّه كُلّ شيئ، يَعْني حَتَّى الخُصوصِيّات، أخَصّ الخُصوصِيّات بْتعْرَفيها. طَبْعاً هذا إشي بالنِّسبة إلي صار سَلْبي وَمُجَرّد أتْرَكْت[2] البَلَد ولَمّا بَرْجِع إلى هُناك بِضايِقْني إنُّه النّاس بْتُقْعُد تِحْكي في خُصوصِيّات الآخَرين، يَعني، بَسْ هذا جُزء لا يَتَجَزَّأ مِن طَبيعْة الحَياة هُناك والنِّظام الإجْتِماعي.

Answer in English:

1. How does the speaker describe life in Arab society?
2. What bothers the speaker when he goes back home?

---

[2] = تَرَكْتُ

SEGMENT 3 (COLLOQUIAL) TIME CODE: 1:02:00

إذا كانَ في عَلاقات مُخْتَلَطة بين الفَتاة والشّاب بالجّامْعَة[3] الأُرْدُنيّة مُمْكِن تْكون عِلاقات فَقَط رَسْمِيِّة، إذا كانَت مَوْجودِة. سِمِعْتْ مَرَّة إنُّه في وَحَدة[4] ما بِتسَلِّمش على إبْن عَمّها بالجّامعة لأنّها بِتْخاف، بِتْخاف بَعدين يروحو يقولو لأهلها أَوْ لَلْعائِلة إنُّه هاي البِنْت، بِنْتَكْ<م> حَكَت مَع هذا الشّاب. فَإنّه العَلاقات شبه مَعْدومة، العَلاقات الإجْتماعيّة الحَميمة الطَّبيعيَّة العَشْوائيَّة مَعْدومة بالجامعة الأُرْدُنيّة وبَتْصَوّر بالمُجْتَمَع كَكُل، <المُجْتَمَع> العَرَبي.

---

[3] The letter ج is not a sun letter. However, some native speakers treat it as such, as is the case here. A similar observation was made in Footnote 2, Chapter 3 (The Arab Family).

[4] = واحِدة، بِنْت، إمرَأة

العائِق الأكْبَر هو المُجْتَمع إنّهُ عيب، عيب تِحْكي عَن هذا المَوْضوع، إنّهُ أُمور الجِنْس بَعد الزَّواج وَفَقَط، مَفيش عِلاقات ما قَبْل الزَّواج أَوْ عِلاقات بِدون إطار رَسْمي ما قَبْل الخُطْبِة أَوْ الزَّواج.

Answer in English:

1. How does the speaker characterize relationships between men and women at the University of Jordan?
2. What does the speaker consider to be the major obstacle in Arab society?

SEGMENT 4 (COLLOQUIAL) TIME CODE: 1:02:47

العائِلَة العَرَبية فيها مَيِّزات كَثيرة أهَمّْها الكَرَم، يَعْني إنْتَ بِتْدُقّ على أي باب هلّأ في عمان بِتْدْخُل كَغَريب، بِدَّخْلوك وْدُغْري الطّاوْلة بْتِنْفَرِش، بِحِسّوا بِفَخْر إنْهُم يكْرِموا الغَريب. هاي مَيِّزة كْثير مُهِمّة وكْثير نادرَة في الُمجتَمَعات الثّاني. فَالإنْفِتاح وحُبّ الَمعْرِفة لِلْحضارات الثانية، لأُنّه كْثير حَضارات مَرَّت على هالَمنْطَقة هاي، فالعائلة العَرَبِيّة مُنْفَتِحَة على الحَضارات الثاني، الأُخْرى.

Answer in English:

1. What is the most important characteristic of the Arab family according to the speaker?
2. What does the speaker say about the openness of Arab culture toward other cultures? How does he explain it?

Terminology

A. Topical Terminology

respect	اِحْترام
family	عائِلَة، عائِلات
custom	عادَة، عادات
paternal uncle	عَمّ، أَعمام
cousin	أولاد الأَعْمام
relative	قريب،أقرِباء
connected, relatives, linked, associates, spouse	قَرين، قَرائِن
details of other people's lives	تفاصيل حياة الآخَر
other people's private lives	خُصوصيّات الآخَرين
the most specific private details	أَخَصّ الْخُصوصِيّات
relations	عَلاقات
social relations	عَلاقات إجْتماعِيّة
almost non-existent relations	عَلاقات شِبْه مَعدومَة
young lady	فتاة، فَتيات

young man		شابّ، شَباب
shame		عَيْب
sex		جِنس
engagement		خُطْبَة
marriage		زَواج
generosity		كَرَم
civilization		حَضارَة

B. General Terminology

person, individual		شَخْص، أَشْخاص
child		طِفْل، أطْفال
to become used to, to become accustomed to	V	تَعَوَّد، يَتَعَوَّد ،تَعَوُّد
preserving, being conservative		مُحافَظَة
ease and comfort		راحَة
ease and comfort of others		راحَة الغَيْر
to be proud of	VI	تفاخَرَ ، يَتَفاخَرُ، تَفاخُر
to put (someone) down, to humiliate	IV	أذَلَّ، يُذِلُّ ، إذْلال

to put themselves down	يُذلّو(ن) نفسهمُ
a state of being low, inferior, inadequate (socially, morally)	الدّونيّة
social order	نِظام إجْتِماعي
freedom	حُرِيَّة
freedom of expression	حُرِيَّة التَّعبير
impediment, obstacle	عائِق
official framework, official context	إطار رَسمي
characteristics	ميِّزات
The Arab family has many characteristics	العائِلة العَرَبية فيها ميِّزات كَثيرَة
openness, open-mindedness	الإنْفِتاح

C. COLLOQUIAL EXPRESSIONS

They know	بيعرفو= يَعْرِفون
thing	إشي = شَيْئ
when I return	لما برجع = لَمّا أرجِع
you start talking	بتقعد تحكي = تَبْدأ تَتَكَلّم
only, but	بَس = لكِن
to imagine	بَتصَوَّر = أتَصَوَّر
also	كَمان = أيضاً
there isn't	مفيش = لا تُوْجَد

Exercises

A. WRITING ACTIVITIES

1. Select ten terms and expressions introduced in this
   chapter and formulate a sentence using each of them.

2. Based on what you learned from the various segments of
   this lesson, write an essay of 65 words or more to
   describe your understanding of Arab society.

B. SPEAKING ACTIVITIES

1. Translate and then answer *in Arabic* the comprehension
   questions that follow each segment in this chapter.

2. Discuss five characteristics of Arab society mentioned
   by speakers.

3. How do Arab and American society differ in terms of
   customs and traditions?

البَدْوُ

Grammatical Features

Review the following:

- The expression كان عِندي

- Past habitual: كُنْت عايِش ، كُنّا نَزْرَع

- The term مَوْجود

- The term مُتَعَدِّد and its many uses (political, social) in contemporary Arabic

SEGMENT 1 (COLLOQUIAL) TIME CODE: 1:03:45

أنا بَدَوي كُنْت عايِش بِالصَّحرا وكان عِندي جْمال وْغَنَم وساكِن بيت شَعْر. وكُنّا بْنِعْمَل أَكِل بالنّار، خُبز، ومْنِعْمَل جِبْنِة ولَبَن من الغَنَم، مِنْ حَليب الغَنَم.

سُؤال: والآن؟

والآن هاي نِحْنَ مِنشْتْغِل هون مع "التورست"[1]، مع السِّياحة. آ، مْنِعْمَل، يَعْني مْنِشْتغِل هون، كُلّ مَعيشتِنا في البَترا هون. قَبِل كنّا بِبيت الشَّعر ساكْنين بَسْ الآن ساكْنين بِبيت الحَجَر، يَعْني بِالقَرْيَة.

سُؤال: والأَكْل، تَغيّر الأَكْل؟ نَوْعِيَّة الأَكْل؟

آ، تْغَيَّر، يَعْني مع الحَياة تْغَيَّرت، يعني آ. نفس الإشي[2].

سُؤال: ما عِندْكُم ماعِز ولا بَقَر؟

---

[1] "Tourists." This is an example of a native speaker of Arabic using English in the midst of an Arabic sentence.

[2] It is not clear what the speaker means here by this expression.

لا، في. مَوْجود جَمَل وماعِز وبَقَر، يَعْني مْنعْمَل الجِبنة واللَّبَن. كُلُّه مِنْ نَفسُه[3]، مِن الحَيْوانات.

سُؤال: واللُّغة العَرَبِيَّة <هي> لُغَتْكُم؟

آ، كامْلة، رَسْمِيِّة، آ.

سُؤال: تَعْليم، قِراءَة وَكِتابة؟ عِندْكُم مَدارِس؟

آ، في مدْرَسِة وفي مَرْكِز صِحي وكُلُّه، يَعْني، وكُلّ إشي، نَعَم مَوْجود كُلّ إشي.

سُؤال: وفي تَأْمين صِحّي، وفي مَدارِس مْنيحة بِتْروحو عليها؟

مَوْجود، مَوجود جامْعة وْمَدْرَسَة للأطْفال ورَوْضة وكُلّ إشي.

Answer in English:

1. What did the speaker do in the past?
2. What does he do now?

[3] It is not clear what the speaker means by the phrase كُلُّه مِنْ نَفسُه in this context.

SEGMENT 2 (COLLOQUIAL) TIME CODE: 1:05:02

أنا بَدَوي. إجينا من شبْه الجَزيرَة العَرَبيّة لِمَنْطَقة البتراء فَعشْنا مع ال[4] في المُغر وفي بيت الشَّعر، بيت الشّعر، مع الماعِز والجْمال وكُلّ إشي بِستَعملوه البَدْو، فَكانَت عيشِتْنا داخِل البَترا قبل ألف وتِسْعمية وخَمسَة وثَمانين. فَعام ألف وتسعمية وخَمسَة وثمانين إجانا المَلك المَرْحوم الحُسَيْن فَعَرَض عَلى عَشائِر البَدْو اللّي ساكْنين داخِل مَدينَة البَتراء بالخُروج إلى سَكَن جَديدْ. فَتَعَهّد المَلك الحُسين بِبِناء سَكَن مَجاناً لهذه السُّكّان المَحَليّين.

فَعام ألْف وتِسْعميَّة وخَمْسَة وثَمانين خرَجْنا من مَنْطَقَة البَترا إلى الأسْكان الجَديدة. فَهُناك يَعني لقينا إنُّه في شَغْلة إنّه مثِل إختِلاف منْ عيشْة البَدْو في الحَجَر وفي المُغُر وفي بْيوت الشَّعر إلى مَنْطَقَة سَكَنيَّة مُمَدَّدة منَ المِياه والكَهْرُباء

---

[4] The phrase مع ال is out of place, indicating the speaker's search for a better expression.

وَ المَراكِز الصِّحيّة وَ المَدارِس والتَّعليم والثَّقافات العُلْيا، فَفي إخْتِلاف كَثير.

فَالأطْعِمة قَبْل والأطْعِمة هسّا[5]: الأطْعِمة قَبْل ما كُنّا نِسْتَعْمِل مَواد كيماويّة. فَهَسّا صِرْنا، يَعْني عام ألفين وأرْبَعة إحْنا هَسّا، في إسْتِعْمالات كيماوِيَّة كْثيرة، أمّا قَبْل ما كُنّا نِسْتَعْمِل، كُنّا ناكُل خُبز في النّار وحَليب الغَنَم. هَسّا يَعْني صِرنا ناكُل أشْياء مُعدِّدة ولا تُحصي وشُكراً.

سُؤال: هَل في إشْتِراك في المَدارِس؟

نَعَم في إشْتِراك كَثير في المَدارِس.

سُؤال: بَنات وأوْلاد؟

نَعَم، لأنَّ هُناك مَدْرَسْتين: مَدْرَسِة تَضُمّ البَنات ومَدْرَسِة تَضُمّ الأَوْلاد.

مُداخَلَة[6]: في فَصْل بينْهُم.

---

[5] = الآن

[6] Interviewer's interjection.

جَواب: < نَعَم في> فَصْل، يَعْني مَدْرَسْتين.

سُؤال: وبِتتْزَوّجوا مِنْ بَعض، يَعني كُلُّكم بْتِتْزَوَّجوا مِن بَعْض ولا في زَواج مُخْتَلَط مِنَ الخارِج؟
في زواج مُخْتَلِف[7] وفي زَواج يَعْني مِنْ الأقارِب، في زَواج مِثِل مِن دُوَل خارِج الأُرْدُن مثل من أميركا، مِثِل من فَرَنسا، إسبانيا، إيطاليا، عندنا هون ساكنين، عندنا هون ساكنين في العيشة في البَدو.
سُؤال آخَر: بالنِّسْبَة لِ، يَعني، قَدّيش عَدَد سُكّانْكُم؟
عدد سُكّان المَنطَقة حاليّاً يُقارِب ما بين أَلف وخَمْس مِية إلى أَلْفين شَخْص.
سُؤال: كيف انْتماءكُم؟ انْتِماءكُم عَرَبي، هَوِيِّتْكُم عَرَبِيِّة؟
نَعَم، هَوِيِّتْنا عَرَبِيِّة ومُسلِمين أباً على جدّ.

[7] The speaker probably means مُخْتَلَط (mixed).

مُداخَلَة[8]: "أباً على جدّ "هذا إصْطِلاح جَيِّد جِدّاً.

إنْ شا الله.

مُداخَلَة: هذا لازِم نْعَلّمُه للأمير كان.

إنْ شا اللّه

سُؤال: إنْتَ بْتعْتَزّ بِهَويْتَك؟

نعم أَعْتَز بِهَوِيّتي إنّي أكون بَدَوي، وأَعْتَز بِكُلّ إشي. وإذا بَسْمَع كِلْمة يَعني مِشْ كْوَيْسة عَنْ البَدْو، بَراجِع هذا الشَّخص اللي حَكَى، لأنّ البَدْو أصْل العُروبَة، مَنْبَع العُروبة كُلّها اللي هو البَدْو.

Answer in English:

1. How does the speaker describe the difference between the Bedouin life before 1985 and after 1985?
2. The speaker talks specifically about the difference in the quality of the food. What does he say about it?

[8] This is a background comment by the interviewer, praising the phrase used by the speaker.

SEGMENT 3 (COLLOQUIAL) TIME CODE: 1:08:25

يَعْني كُنّا نِزْرَع قَمِح وَشْعير ونُحْصُد وعَدَس وحُمُّص ونَجْمع من أرْضْنا ونَعيش على أرْضْنا.

الثّروَة البَدَوِيّة مَوْجودَة لِحَدّ الآن: بيت شَعْر وحَلال[9] وغَنَم ونْعاج وغِلّ، مَوجود وخيل، مَوْجودَة لِحَدّ الآن.

Answer in English:

1. According to the speaker, what did they used to plant on their land?
2. The speaker talks about "the Bedouin wealth." What components of this wealth does he mention?

---

[9] Although this term is usually used to refer to what is permissible or permitted (according to the Islamic Law) Bedouins use it to refer to having plenty of sheep, as well goats.

Terminology

A. Topical Terminology

Bedouins	ألبَدْوُ
a Bedouin	بدوي
desert	الصَّحراء
I am a Bedouin who used to live in the desert	أنا بدوي، كُنْت عايِش في الصَّحراء
camel	جَمَل، جِمال
I used to have camels	كان عندي جْمال (= جِمال)
Bedouin tent made of goat skin	بيت الشَّعر
house made of stone	بيت الحَجَر
goats	ماعِز
cows	بقر
cheese	الجِبنة
yogurt	اللَّبَن
mosque	جامِع

the Arabian peninsula		شبه الجَزيرة العربيّة
cave		مَغارَة، مُغْر
He came to us.		إجانا
the late King Hussein		الملك المرحوم الحسين
Bedouin clans		عشائر البدو
Our identity as Arabs and Muslims is handed down from father to son, it is inherited		هويّتنا عربيّة ومُسلمين أباً على جدّ
to be proud of	VIII	اِعْتَزَّ، يَعْتَزُّ، اِعْتِزاز
Yes, I am proud of being a Bedouin as my cultural identity		نعم أَعْتَز في هويتي إنّي أكون بَدَوي
The Bedouins are the origin and the source of Arabism		لأنّ البدو اصل العُروبَة، مَنْبَع العُروبة كُلّها اللي هو البدو
to plant, to farm	I	زرَعَ، يَزْرَعُ، زَرْع
wheat		قَمْح
barley		شَعير
lentils		عَدَس

chickpeas		حُمُّص
Bedouin wealth, resources		الثّروَة البَدَوِيّة
ḥalāl: that which is allowed. Bedouins use this term also to refer to sheep and goats.		حَلال
sheep, lamb		غَنَم
female sheep, ewes		نَعْجَة، نَعاجَ
crops		غل
horses		خيل

B. General Terminology

to pledge	V	تَعَهَّدَ، يَتَعَهَّدُ، تَعَهُّد (بِ)
local residents, local inhabitants		سكّان محليّين
electricity		الكَهْرُباء
health clinics		اَلمراكِز الصِّحيَّة
foods		الأطْعِمَة
chemicals		مَواد كيماويّة
numerous, innumerable		مُتعدِّدة ولا تُحصي

participation	إشْتِراك
to include	تَضُمّ
our identity	هَوِيّتنا
handed down from father to son, inherited from our forefathers	أباً على[10] جدّ

C. Colloquial Expressions

We do	منْعْمَل = نَعْمَل
everything	كُل إشي = كُل شَيْء
We came	إجينا = أَتَينا
that is to say, you know	يَعْني
We work	منْشْتْغِل = نَشتَغِل، نَعْمَل
tourism	التورست = السِّياحة
that, which	اللي = الّذي، الّتي
We found	لقينا = وَجَدْنا

[10] The original expression is اباً عَن جَدّ, but both expressions are used by native speakers.

Exercises

A. WRITING ACTIVITIES

1. Select ten terms and expressions introduced in this chapter and formulate a sentence using each of them.

2. Write an essay of 50 words or more *in Arabic* summarizing your understanding of Bedouin life. In addition to the descriptions provided by the speakers in this chapter, you may use other sources of information for your essay.

B. SPEAKING ACTIVITIES

1. Translate and then answer *in Arabic* the comprehension questions that follow each of the segments in this chapter.

2. Discuss the life of an ethnic group with which you are familiar.

Chapter 13 Arab Cultural Identity

الإنْتِماء والهويّة العَرَبيّة

Grammatical Features

Review the following expressions:

even if, even though	وإن كانَ
a fact that	مِمّا (+ فِعْل)
that which attracts me	ما يَشُدُّني
of a certain kind	مِنْ نَوعٍ ما

SEGMENT 1 TIME CODE: 1:08:54

أعْتَقد أنّ آخِر سَبَب هو أوْجَه الأسْباب[1]. أعْتَقد أنّ الطُّموحات السِّياسيَّة والمُسْتَقْبَليَّة لِكُل العالَم العَرَبي يَجْمَعُني مَعَ العَرَب الآخَرين. أنْتَ تَعْرِف أنّ العادات والتَّقاليد تَخْتَلف مِنْ بَلَد إلى آخَر، ولكِنْ بِشَكَل عامّ هُناكَ طَوْر مُعَيَّن، طَوْر للعادات والتَّقاليد، هُناك هَيْكَل مُعَيَّن للعادات والتّقاليد. ولِهذا، هُناكَ اختلاف ولكن هُناكَ شَيء مُشْتَرَك أيْضاً.

ما يشدّني أكثر من أي شَيئ آخر هو التّطَلُّع إلى مُسْتقبَل عَرَبي مُشتَرَك من نَوعٍ ما، سِياسيّاً أَوْ إقْتصاديّاً أَوْ إجْتماعِيّاً، ألّذي يَأخُذُنا مِمّا نحن عَلَيْهِ الآن في الوَطَن العَرَبيّ، وهو الوَطَنْ العَرَبيّ الخالي من الدّيمُقراطيّة، ما يأخُذنا مِن هذا الوَطَنْ إلى وَطَنْ جَديد تَلْعَبُ فيه

[1] This is an answer to the interviewer's question regarding the factors that make up the Arab cultural identity.

الدّيمُقراطِيّة الدَّوْر الأكْبَر في الحَياة السّياسيَّة والإجْتِماعِيَّة
والإقْتِصادِيَّة.

Answer in English:

1. To what future is the speaker looking forward?
2. What does the speaker feel connects him to the Arab world?

SEGMENT 2 (VERY RAPID) TIME CODE: 1:09:53

كلّ هذا يجمع بَيْنَ العَرَب: اللُّغة والتّقاليد والتّاريخ
المُشْتَرَك. ولكنّي أعْتَقِد بِصِفة خاصّة أنّ اللُّغة هي العامِل
الأهمّ والأساسي. لذا الحِفاظ على اللُّغة، وهُنا نَتَحَدَّث
عَنْ اللُّغة الفُصْحَى، كعامِل تَوحيد بَيْنَ العَرَب <هو>
شَيئ مُهِمّ لِلْغاية.

Answer in English:

1. According to the speaker, what are the factors that connect Arabs to one another?
2. What does he think is the most important factor?

SEGMENT 3 TIME CODE: 1:10:09

The speaker is a Moroccan musician who immigrated to the US. Currently he lives and works as a musician in the Washington, DC, area.

هُوَ الّذي يَجْمَعَني مَعَ العَرَب هُوَ كَوْني أنّي عَرَبي.

وَكَعَرَبي طَبعاً نَهتَمُّ بالسِّياسات العَرَبيّة وَبالحَضارات العَرَبيّة وَفي كُلّ ما يَدور حَوْلَ العالَم العَرَبيّ، وبالأَخَصّ في الشَّرق الأوْسَط.

رَغْمَ إنَّ المَغْرِب، يَعني، بَعيد عَن الشَّرق الأوْسَط، بَس[2]، لكِن إحْنا كَعَرَب دائِماً مِنْفكِّر لِلأُمَّة العَرَبيّة، لأنّ كُلّه عَرَب بآخِر المَطاف.

سُؤال: وإذاً لِلْعُروبَة هُناكَ مَكان قَوي في هَوِيّتَك أنْتَ كَشَخْص وَكَ؟

---

[2] بَسْ is a colloquial word that has many meanings: "enough," "only," "however." Here, it means "however."

أنا كَشَخْص عَرَبي طَبْعاً <أنا> عَرَبي ولَمّا جيت، لَهَل[3]، إلى أمْريكا، يَعني، . . . [4] لَمّا إجيت على هَلبَلَد[5]، يَعْني، وَجَدْتُ نَفْسي بَيْنَ العَرَب، واشْتَغَلْتُ مَع العَرَب لِحَدّ اليَوْم. يَعني مِنْ يوم ما هاجَرتْ مِنَ المَغْرِب إلى أمْريكا، وكَمان، يَعني، شُغْلي كُلُّه يَتَعَلّق بالجالِيَة العَرَبِيَّة.

Answer in English:

1. What does the speaker feel makes him an Arab?
2. Describe the speaker's involvement with the Arab community in the US.

[3] This meaningless term indicates hesitation, a process of searching for the right expression. Probably he originally wanted to say ولَمّا جيت لَهَل<بَلَد> (when I came to this country).

[4] There is a long hesitation.

[5] هَلبَلَد = هذا البَلَد

SEGMENT 4 (VERY RAPID) TIME CODE: 1:11:27

ألعرب مُنذُ القِدَم يَشعُرون بِشَيءٍ يَجْمَع بَيْنَهُم. ورَغم الإختِلافات والحُروب في بَعْض الأحْيان بَيْنَ الدُّوَل العربيّة، هناكَ شيءٌ يَجْمَعُهُم من المُحيط إلى الخَليج.

كَعَرَبي مِصْريّ يَعيش في أمْريكا أتعامَل مع عَرَب من جَميع الدُّوَل العَرَبيّة. هُناك شَيء يَجْمَعنا، لَيْس بالضَّرورة اللُّغة، وإنْ كانَت عامِلُ مُهِمّ جدّا، لكِنْ إحْساسَك بِأَنَّك عَرَبي.

الفَضائيّات تُدَعِّم هذا ولكِنْ، كَما قُلتْ، ال، جَعْل هذا حَرَكَة سِياسيّة هذا يَتَطلَّب أكْثَر من فَضائيّات، يَحْتاج إلى إرادَة سِياسّية من قادَة الدُّوَل العَرَبيّة.

Answer in English:

1. What is the role of satellite stations in uniting Arabs, according to the speaker?
2. What is required, according to the speaker, to convert the feeling of an Arab identity into a political movement?

SEGMENT 5 TIME CODE: 1:12:00

بالطَّبْع فَحَيْثُ أنّني وُلِدْتُ هُناكَ وعِشتُ، ومع أنّي لم أعِش فتْرَة طَويلَة مِن حَياتي في فِلسْطين، إلّا أنّ إنْتمائي الوَطَني وَالثّقافي وَالإجْتِماعي يَعودُ إلى بَلَدي الأصْليّة، إلى فِلسْطين.

ألإنْتِماء بِشَكل عامّ للوَطَن العَربيّ لا يَزال مَوْجوداً، وهُناكَ، ولا تَزال فِكْرَة ألأُمّة العرَبيّة أَوْ الوَطَن العَرَبي مَوْجودَة. ولكِنْ ولكِنْ هذا لا يَعْني أَنَّ الشَّعْب الفَلَسْطيني، لا يَعْني أَنَّ الشَّعْب الفَلَسْطيني[6] قادِرٌ على نِسيان فِكْرَة إيجاد وَطَن مُسْتَقِلّ.

Answer in English:

1. How does the speaker define her social and national outlook and affiliation?
2. Does she think that pan-Arabism has caused the Palestinians to relinquish their idea of achieving an independent homeland?

---

[6] As with the word مصر, the word فَلَسْطين is pronounced by native speakers in two different ways: فَلَسْطين and فِلِسْطين. This can happen with the same speaker in the same passage, as is the case here.

SEGMENT 6 TIME CODE: 1:12:48

في الفَترات الّتي كانَت فيها الأُمّة الإسْلاميَّة كانَت مُتَفَوِّقة، لم تَكُن تَفْرِض ثقافتْها على الأُمَم ولكِنْ الأُمَم كانوا بِحاجَة إلى هذه الثّقافة كَما نَحْنُ بِحاجَة الآن إلى تُكْنولوجيَة العالم الغَربيّ. فَالَمسْألَة <هِيَ> إنَّه ماذا لَدَيْك لِتُعْطيني وماذا أفقِد لأطلُب مِنْكْ. أعْتَقِد أنّ هذه <هِيَ> المُعادَلَة.

ولكن ما يَحْدُث فعليّاً أنّ الأُمّة العَرَبيّة بَدَأَتْ تفْقِد ملامِح هُوِيَّتِها، بَدَأَت تفْقِد خُصوصيَّتِها، لذلك بدأ شُبّانُنا حتّى يتخبّطون. فَنَحْنُ لَمْ نَعُد فقط بِحاجَة إلى التّكنولوجية الّتي تنْقُصنا <بل> أَصبَحْنا نَبْحَث عن قِيَم أُخْرى. أصبَحْنا يَعنى[7]، عِنْدَما أَنْظُر إلى فَتاة في أوروبا، وَقَد، يَعني يَعْني، كُتِبَ لي أنْ أزورْ بَعْض الدُّوَل الأوروبيَّة وأنْ أُشاهِد الفَتَيات، شَعَرتْ أنّ الفَتاة الأوروبِيَّة لَها مَلامِح وَيُمْكِنُني

---

[7] An incomplete thought.

أنْ أُمَيِّزُها عَنْ الأُخرَيات. عِنْدَما أنْظُر حَوْلي لِفَتَياتنا المُسْلِمات والعَرَبِيّات أشْعُرْ بأنَّ الفَتاة الأوروبِيَّة هي < الّتي> تَسير إلى جانِبي ولَكِنْ بِكَلِمات عَرَبِيّة أوْ بِإسم عَرَبيّ، الخ.

إذاً، فَتاتُنا ألمُسْلِمَة العَرَبِيّة أصبَحَت تستَوْرِد وتأخُذ من الثّقافات الأُخْرى الملامِح والهُوِيَّة الخ. وحتى في نِظام القِيَم أصْبحنا نُلاحِظ أنَّ هُناكَ تَغْيير أيضاً في البُنْيَة القيميَّة في مُجْتَمعاتْنا. فَنَحْنُ نَطْلُب بَديلاً لِشَيئْ نَحْنُ لَسْنا في غِنى عَنْه وإنَما نَحنُ لَمْ نَعُد نَفْهَمُه، لَمْ نَعُد نَكْتَرِث لَهُ. مُعْظَم ... رُبّما يَتَّخِذ لِنَفْسِه مَلامِح أُخْرَى غَيْر مَلامِحَه، هوَ في الحَقيقَة لا يَعْرِفُ مَلامِحَه، هُوَ لا يَعْرِف مَنْ يَكون.

فعندما نَتخلّى عن ثَقافَتنا ااا العَرَبِيّة في الحَقيقة لَيس لِضَعْف في ثَقافتِنا العَرَبِيَّة وإنّما المُشْكلة أنّ هؤلاء لا يَعْرِفون الثّقافَة العَرَبِيّة، لم يَحمِلوها، لم يَتحلّوا بِها، لَمْ لَم يَكْتَرِثوا لَها، هُم لا يعرِفونَها وليسوا في غِنىً عَنْها.

Answer in English:

1. What is the formula that the speaker presents to reflect her views on international relations?

2. What does the speaker think of Arab youth in today's world? What has led them to this state, according to her?

3. How does the speaker feel about European women? How does she feel about Arab women?

4. According to the speaker, why do Arabs "relinquish" their culture? Is it because of weaknesses in that culture? Or is it for other reasons?

Terminology

A. Topical Terminology

belonging	إنْتماء
identity	هَوِيّة = هُوِيّة
Arab identity	الهُوِيّة العَرَبِيَّة
a common Arab future	مُسْتَقْبَل عَرَبي مُشْتَرَك
an Arab homeland	الوَطَن العَرَبيّ
Arab states	الدُّوَل العَرَبِيَّة
democracy	الدّيمُقْراطِيَّة
language as a unifying factor among Arabs	اللُّغَة كعامِل تَوحيد بَينَ العَرَب
traditions	التَّقاليد
common history	التّاريخ المُشْتَرَك
from the ocean to the Gulf	مِنَ المُحيط إلى الخَليج
an independent homeland	وَطَن مُسْتَقِلّ
nation	أُمّة، أُمَم
Islamic nation	الأُمّة الإسلامِيَّة

SEGMENT 1 TIME CODE: 1:15:17

ألفَنّ هو كلُّ شيءٍ يُمْكِن أَنْ يُبْدَع[1] فيه الشَّخْص فهوَ فَنّ. مُمْكِن يكون موسيقى، رَقص، طَبخ. يَعْني كُلُّ شَيءٍ لَهُ عَلاقة بالإبْداع فهو فَنّ[2].

فَلمّا نَتَكَلَّم عن الثّقافات أوْ الفَنّ بِصفَة عامَة، فالفَنّ أصلاً لَيسَ لَهُ مَكان أَوْ وَطَن. فهُوَ الفَنّ بِصفة عامّة أيّ واحد لمّا يحِبّ يسمَع أَيْ مَقْطوعَة من أيّ نَوْع من الموسيقى، سَواءً كانت غَرْبيّة أو عَرَبيَّة أَوْ أسْيَويّة بحِبّ يسمَعْها، مش[3] ضَروري إنُّه يفْهَم اللُّغة أو يفهَم التَّقاليد. ألفنّ هُو إحْساس، وكَما يَقولون: لَيس لِلْفنّ وَطَن.

Answer in English:

1. What is the speaker's definition of art?
2. The speaker mentions Western, Arab, and Asian music in this segment. In doing so, what point is he trying to illustrate?

---

[1] It should be يُبْدِع; the speaker misspoke.

[2] The musical band is the Jarash musical band in Jordan.

[3] مِش is a negation particle used in many Arabic dialects.

SEGMENT 2 (VERY RAPID) TIME CODE: 1:16:53

ألفَنّ شَيئ هامّ في حَياة البَشَر وحَياة الحَضارات، وَما مِنْ
حَضارة عالَميّة إلّا وكانَ الفَنّ أحَد أضْلاع هذه القُوّة.
فَأمْيركا اليَوْم ليْسَت قُوّة عَسْكَريّة واقْتصاديَّة فَقَط،
ولكنّها قوَّة ثقافيّة، وجُزْء من الثّقافَة للأسَف[4] <هُوَ>
الفَنّ، يَجِب أنْ لا يُنْكِر العَرَب هذا. وحينما كانَ العَرَب
أقوِياء كان هُناك فنّ عربيّ لا يَنْكِرْه أي مَكان في العالَم
أو أي مَتحَف أزوره في أميركا أَوْ في أُوروبا أَوْ في أيّ
مَكان في العالَم. فالفَنّ شَيئ قَوي يُمَثّل قُوَّة الدَّوْلة.

Answer in English:

1. What is the relationship between art and civilization, according to the speaker?
2. What does the speaker think of the relationship between state power and art?

---

[4] The term للأسَف is out of place in this context. The speaker clearly did not mean to say that he regrets the fact that art is part of the culture; he has simply misspoken.

SEGMENT 3 TIME CODE: 1:17:23

ألفَنّ هوَ روح المُجتَمَع، والمُجتَمع بدون فَنّ وثَقافَة <هُوَ> مُجتَمَع ناشِف، مُتَخَلِّف بِكُل أسَف. فَ اا، وأيَّ مُجتَمَع بِتْروح عَليه أهمّ إشي بِقدمولَك إيّاه <هُوَ> ثَقافِتْهُم، موسيقاهُم، فَنُّهُم.

Answer in English:

1. What is the speaker's view of a society without art?
2. What is the meaning of the last sentence in the segment?

SEGMENT 4 TIME CODE: 1:17:45

نَحْنُ بِحاجَة دائماً لِمَزيد من الإهْتمام بالفُنون والثّقافة لأنّ الفَنّ والثّقافة هما الرّوح الإنْسانيَّة المُشتَرَكة الّتي تَجْمَع كُلّ البَشَر معاً. وبالتّالي إهتمامنا بالفُنون والثّقافة العَرَبيّة هو جُزْء من إيجاد ذلكَ الإنْسان الأَجْمَل ألقادِر على التَّمَتُّع بالجَمال مِن حَوْلِه، ألقادِر على التَّواصُل مع الآخرين بِمَحَبة أكْثَر.

Answer in English:

1. What do art and culture embody for this speaker?
2. What benefits can arise from our interest in and pursuit of art and culture?

SEGMENT 5 TIME CODE: 1:18:22

كُلّما تَتَفَتّح لِكُل الثّقافات كُلّما تَستَفيد أكْثَر كُلّما بِتْنَمّي مَخزوناتَك الفَنيّة وَبِتْضيف، ومُمْكِن إنَّك تِبْدَع في الفَنّ كَمان بِمَزْج ثَقافات والفُنون مع بَعْض.

هوَ للأسَف، يعْني الفَنّ، وَبالخُصوص[5] في المَغْرِب العَرَبيّ، يَعْني في ناس وفي فَنّانين وفي مُبْدعين كْثيرين. بَس[6]، للأسَف لَيْسَ هُناكَ مَنْ يُوَجِّه أو مَنْ يُساعِد هؤلاء الفَنّانين. يَعْني، الفَنّان في المَغْرِب يَعيش حَياة مُزْرِيَة.

[5] خُصوصاً = especially

[6] See Footnote 2, Chapter 13 for the various meanings of this term in colloquial Arabic.

أنا لَمّا، لَمّا تَوَّجَهْتُ إلى طَريق الفَنّ أنا كُنْتْ، يَعْني، لَم أُفَكِّر أنْ آخُذَهُ كَاحْتِراف لِأنّه كَيْ تَحْتَرِف الفَنّ إنُّه، يَعْني، طَريقٌ صَعْب.

سُؤال: ما هُوَ أصْل كَلِمَة "عود"؟[7]

حَسَب مَعْرِفتي يعني هو من العود، الخَشَب. لِأنَّ كَلِمَة "عود" إجَتْ مِنْ، يَعني فَرع مِنْ الشَّجَر. اللي اختَرَع فِكرِة العود، يَعني بِتَفكيري أو بِتَصَوُّري، العود، يعْني أخَذ قِطعة عود منَ الشَّجَرة وعَمَلها كآلة موسيقيّة مَثَلاً وتَداوَلَت كَلِمَة "العود".

Answer in English:

1. How does the speaker describe the condition of artists in the Arab world?

2. Describe the etymology of the term عود as presented by the speaker.

[7] The question (inaudible) is provided here to facilitate understanding of the response.

Terminology

A. Topical Terminology

art		فَنّ ، فُنون
to create, to be creative	IV	أَبْدَعَ، يُبْدِعُ، اِبْداع
music		موسيقَى
to dance	I	رَقَصَ، يَرْقُصُ، رَقْص
a musical piece		مَقطوعَة موسيقيَّة
listening to a musical piece		يَسْتَمِع إلى مَقطوعَة موسيقيَّة
civilization		حَضارَة، حَضارات
culture		ثَقافة، ثَقافات
Arab art		فنّ عَرَبيّ
Arab art and culture		الفُنون والثَّقافَة العَرَبيَّة
museum		مَتْحَف، مَتاحِف
to enjoy	V	تَمَتَّعَ ، يَتَمَتَّعُ ، تَمَتُّع (بِ)
to enjoy beauty		تَمَتَّعَ بِالجَمال
lute (musical instrument)		العود

Exercises

A. Writing Activities

1. Select ten terms and expressions introduced in this chapter and formulate a sentence using each of them.

2. Below we present eight definitions of art as formulated by the speakers in this chapter. Provide a translation for each of these definitions. Then write an essay of 50 words or more discussing which of these definitions most appeals to you and why.

كلّ شيئ يُمْكِن أنْ يُبْدِع فيه الشَّخْص فهوَ فَنّ

كل شيئ له علاقة بالإبداع فهو فَنّ

فالفَنّ أصلاً ليس له مكان أو وَطَن

ألفنّ هوَ إحساس

ألفَنّ شَيئ هام في حياة البَشَر وحياة الحضارات

الفَنّ شَيئ قَوي يُمَثِّل قُوَّة الدَّوْلة

ألفَنّ هوَ روح المُجْتَمَع

الفَنّ والثّقافة هما الرّوح الإنسانيّة المُشتَرَكة الّتي تَجْمَع كُلّ البَشَر معاً

B. Speaking Activities

1. Translate and then answer *in Arabic* the comprehension questions that follow each of the segments in this chapter.

2. Discuss the status of art and artists in the US.

Chapter 15 Theater and Other Arts in the Arab World

المَسْرَح وفُنون أُخْرى في العالَم العَرَبِيّ

Grammatical Features

Review the following:

- The verb رأى in the perfect and imperfect tenses:

  كُلّ هذِهِ الفُنون يَراها المُواطِنُ العَرَبي

- The passive participle of Form VIII (مُفْتَعَل): مُتاح

  كُلّ هذِهِ الفُنون الآن مُتاحَة ومَوْجودة لَدَيْنا بِشَكل واسِع

SEGMENT 1 TIME CODE: 1:20:33

كُلّ هذه الفُنون مَوْجودَة في العالَم العربيّ، وكُلّ هذه الفنون يَراها المُواطِن العَرَبي ويسْتَمْتِع بِها المُواطِن العَرَبي، من السّينما إلى الموسيقى إلى، يَعْني الآن بإمْكانَك أن تسْمَع أي مَقْطوعة موسيقيَّة مِنْ أيْ دَوْلَة في العالَم. يَعني، في بَيْتي يُمْكِن أنْ أَجِد مَقْطوعات من اليابان حتّى كَليفورنْيا، ومن سيبيريا حتّى آخِر نُقطة في أَفْريقيا. كُلّ هذه الفُنون الآن مُتاحَة ومَوْجودة لَدَينا بِشَكل واسِع.

Answer in English:

1. What is the speaker saying regarding the availability of the various kinds of arts in the Arab world?
2. What does the speaker say about his house?

SEGMENT 2 (COLLOQUIAL) TIME CODE: 1:21:08

يا سيدي[1]، أنا كُنْتْ مَحْظوظ إنّي دَرَسْتْ فنّ العَمارَة ومَعْها الفنّ التّشْكيلي في موسكو في جامعَة، في مَعْهَد العَمارَة لِمُدّة سَبع سَنَوات. وأثْناءْها نَهَلْت من الثّقافة الرّوسيّة العَريقَة والثّقافة العالميّة عَنْ طَريق المَتاحف و"الأوبِرا" و"البالي" اللّي كُنْتْ أَشوفُه. ولَمّا رْجعْت للأُرْدُن كانْ <لِ> هذا الأثَر الكَبير في تَشْكيل هَوِيّتي الثّقافِيّة.

طَبعاً نحْنَ مَحْظوظين كَعَرَب إنُّه في "لييَرْز"، في طَبَقات من الثّقافَة لآلاف السِّنين، تَعود لآلاف السِّنين، فالمُثَقّف العَرَبي وين ما بِدّه ينْزِل تَحتْ، أرْضُه غَنِيّة. عنْدَك منْ أيّام ما قَبْل الحَضارات لَلْيوْم مُسْتَمرّة الحَضارة العَرَبِيّة في إغْناء العالَم كُلّه بالثّقافَة. ومَفْهوم الثّقافَة شامل في الوَطَن العَرَبي

---

[1] يا سيدي is a commonly used phrase in the Arab world, literally meaning "O my Master." In daily use it amounts to an expression of respect and roughly corresponds to the English term "sir."

لأنُّه هم أدَوات الموسيقى طِلعَت مِن هونَة[2]، ألشِّعر بَلَّش هونَة، الدِّيانات بلَّشَت هونَة، الكِتابة، كِتابةِ الحَرْف بلَّش في الوَطَن العَرَبي.

بِصَراحة، الثّقافَة والفَنّ الأوروبي فَنّْ عَقْلاني، فَنّ يَعْتَمِد عالرّياضيات، عَلْبحث[3]، فَنّ نَهْضَويّ. ألموسيقى الأوروبيّة بَس تِسمَعها راسَك بْتِتْحَرّك[4] لَقُدّام لِأنّه إنتِ بتِفْهم مَعاني الموسيقى. بَس تِسْمَع الموسيقى العَرَبيّة راسَك بْتْميل[5] لأنّه بْتُخبُط قَلْبَك. فهاي الفَرْق بين الحَضارْتين: حَضارَة دافِئة، حَضارَة جَميلَة، الحَضارَة العَرَبيَّة، هذيك< الحَضارَة الأوروبِيّة> حَضارَة شْوَيِّة قَواعِدْها رِياضِيِّة.

فَنحْنَ مَحظوظين إنُّه عِنّا بَحْر هائِل مِنْ الثَّقافَة والفُنون، إنُّه دائِماً منرجَعلها، دائِماً بْتِغْني روحْنا.

---

[2] هونَة، هوني، هون are all colloquial variations of the term هُنا.

[3] عَلى الرّياضيات = عالرّياضيات؛ عَلى البَحْث = عَلْبحث

[4] The speaker treats the term رأس as a feminine noun, although it is a masculine noun.

[5] See Footnote 4 in this chapter.

أَلعَرَب كَنْلُهُم[6] باع طَويل في تَقْديم وتَطْوير الفَنّ العالَمي وخُصوصاً في العَمارَة. إخْتِراع بَسيط إسْمه مُقَرَّص حَطّوه على زاوِيَة الحيطَة قَلَب مَفهوم "السْتْرَكْتْشَر"، الإنْشاء، والفَنّ المِعماري بِطَريقَة كَبيرَة لأنُّه حَرّر المِعْمار مِنْ إنُّه يحُطّ القُبَّة فَقَط على ثَلاث أقْواس اللّي اخْتَرَعوها الرّومان، بَيْنَما المُخْتَرِع العَرَبي بالمُقَرَّص الصّغير سَوّى شَكْل جَمالي وحَرّر الإنْشاء.

فَهذا الغِنا نحْنَ لازِم نِعْتَمِد عَليه ونْطَورُه، غِنا الفَنّ المِعْما<ري>، فَنّ العَمارَة.

سؤال: هَل المَسْرَح مُتَطَوِّر في بَلَدَك؟ وَهَلْ تُحِبّ الذِّهاب إلَي هذا المَسْرَح إنْتَ شَخْصيّاً؟

المَسْرَح جَديد لَكِن مِنْ عَشَر سَنَوات في تَجارُب جِدّاً مُهِمّة ومَهْرَجانات مَسْرَحِيَّة في الأُرْدُن. وَصارَت نافِذة

[6] = كان لَهُم

للوَطَن العَرَبي، إنّه، والعالَمي[7]، مَهْرَجانات عالَمِيّة سَوّوها، مَهْرَجانين في الأُرْدُن، وهذا[8] المَهْرَجانين، واحد خاصّ <و>واحِد لِوَزارة الثّقافة، إثْنِناتُن[9] أغْنوا الحَرَكة الثّقافيّة في البَلَد.

Answer in English:

1. The speaker uses the terms مَحْظوظ (lucky, fortunate) in the opening line of this segment. Why does he consider himself lucky?
2. He also uses the same term in the plural form, مَحْظوظين, twice in this segment. Find these two occurrences and explain the context in which the speaker uses each of them.
3. What is the difference between Arab music and Western music as the speaker sees it?
4. What does the speaker say about theater in his country?

---

[7] An afterthought addition of this term.
[8] Should be in the dual form.
[9] "Both of them" in *ᶜāmmiyya*.

SEGMENT 3 TIME CODE: 1:25:30

فِي المَسْرَح العَرَبِي هُناك كُلّ شَيء، يَعْنِي هُناك مِن المَسْرَح الكلاسي، الّذي يُقَدِّم الأعْمال الكلاسيكيّة الكُبْرى لِكُتّاب غَرْبيين كِبار، إلى المَسْرَحيّات الّتي تُقَدِّم الأعْمال الجَديدَة لِكُتّاب مَسْرَح العَبَث، هُناك الكوميدْيَة، هُناك المَسْرَح الإجْتِماعي النّاقد، كُلّ كُلّ أنْواع المَسْرَح أنا بَعْتَقِد مَوْجودَة في العالَم العَرَبي. لَكِن أيْضا هُوَ وُجودُه مُتَفاوِت بَيْنَ بَلَد وبَلَد آخَر بالتَّأكيد، لكن هُوَ مَوْجود وَهُوَ مَوْجود في كُلّ البِلاد العَرَبيَّة.

Answer in English:

1. What are the various forms of theaters that the speaker mentions in this segment?
2. Do these forms exist throughout the entire Arab world? Explain what the speaker says about this.

SEGMENT 4   TIME CODE: 1:26:17

ولكن ما أَسْمَع عَن المَسْرَحِيّات العَرَبِيَّة الآن هِيَ أَنَّها

فُكاهِيّة كثيراً وأَنَّها تَتَعاطى بِالقُشور، لَيْسَت هُناكَ، لَيْسَ

هُناكَ عُمْق كثير في ال... وعِندَما أَتَكَلَّم عَنْ العُمْق أنا

أَتَكَلَّم عَنْ العُمْق الثَّقافي والسِّياسي. لَيْسَ هُناكَ

مَسْرَحِيّات سِياسِيَّة في العالَم العَرَبي بِالطَّبْع لأَنَّها

مَسْرَحِيّات سِياسِيَّة سَتَتَكَلَّم عَن وَضِع سِياسي لَيْسَ جَيِّداً

والأَنْظِمَة لَن تَسْمَح بِالتَّكَلُّم عَن هذا الوَضِع السِّياسي.

Answer in English:

1. What does the speaker say about humorous plays in the Arab world?

2. What does the speaker say about political plays in the Arab world?

SEGMENT 5 TIME CODE: 1:26:43

بِكُل أسَف، المَفهوم العامّ لِلْمَسْرَح إنُّه إنْتِ بدّك تروح وترْتاح وتِنْبَسِط. فَمُعْظَم المَسْرَحِيّات النّاجحة هي المَسْرَحِيّات الكوموديّة. لكن هونَة بيجي ذَكاء الكاتب والمُخْرِج إنُّه عَن طَريق الكوميدْيَة والفُكاهَة يقَدِّم رِسالة، رِسالة لِتَحْسين المُجْتَمَع والفكر في المُجتَمَع. فَهونَة لأنّها رِسالة قَوِيّة وبْتُدْخُل مُباشَرَة لَلضَّمير.

فالمَسْرَح سِلاح خَطير، والفَنّ سِلاح خَطير، لأنُّه الموسيقى والشِّعر والمَسْرَح والسّينَما إلها التّأثير الأكْبَر على نَفْسِيَّة البَنآدَم وإيش بْتِلْقّى مِنْ ثّقافَة.

فَهذا سِلاح نِحْنا لازِم نِسْتَخدِمه كَعَرَب لِتَوْجيه أطفالْنا وتَوجيه قَضِيِّتنا.

Answer in English:

1. What message can a clever producer send through humorous plays and comedy, according to the speaker?
2. According to the speaker, Arabs should use theater to advance their causes. How does he explain this?

SEGMENT 6 TIME CODE: 1:27:44

أَلسّينَما الآن باعْتقادي هِيَ أَهَمّ فَنّ مُسَيْطِر وَيَتَقَدّم
وَيَتَطَوَّر في العالَمْ. وَنَقوم <نَحْنُ هُنا في مُؤَسّسَة
"شومان"> أَيْضاً بِعَرْض أَفْلام نَوعِيَّة، سَواءً كانَتْ
أَمْريكِيَّة أَوْ فَرَنْسِيَّة أَوْ مِنْ أَيّ مَكان في العالَم، أَوْ
صينِيَّة[10]، لأَنّني أَعْتَقِد أَنَّ، يَعْني، التَواصُل أَيْضاً مَعَ السّينَما
كَفَنّ يَتَطَوَّر عَلى هذا النَّحْو، وعَلَى، وبِهذا العُمْق، هُوَ
جُزْء مِنْ تَطْوير الفَرْد، سَواءً كانَ ذلِكَ الفَرْد شاعِراً أَوْ
فَنّاناً أَوْ سَواءً كانَ مُشاهِداً.

Answer in English:

1. How does the speaker describe the status of the art of cinema in the world today?
2. Why does the speaker think that it is important to keep developing the art of cinema?

---

[10] Wishing to emphasize that the Shuman Foundation's activities are global in nature, the speaker provides another example of the countries from which they import quality films, adding China to the list. The addition looks out of place from a language point of view.

Terminology

A. TOPICAL TERMINOLOGY

musical composition	مَقْطوعة موسيقيَّة
architecture	فنّ العمارة
plastic art	الفنّ التشكيلي
museum	المَتاحِف
opera	الأوبرا
ballet	البالي
rational art	فنّ عقلاني
renaissance art	فنّ نهضويّ
European music	موسيقى أوروبيّة
Arab music	موسيقى عربيّة
universal art	الفَنّ العالَمي
invention	إخْتِراع
disk-shaped structure	مُقَرَّص
composition	الإنْشاء

aesthetics	شَكْل جَمالي
theater	المَسْرَح
theatrical festival	مَهْرَجانات مَسْرَحِيَّة
cultural movement	الحَرَكَة الثَّقافِيّة
classical theater	المَسْرَح الكلاسي
frivolous play	مَسْرَح العَبَث
socially critical theater	هُناك المَسْرَح الإجتِماعي النّاقِد
political play	مَسْرَحِيّات سِياسِيَّة
comedy, humorous play	المَسْرَحِيّات الكوموديّة
author	الكاتِب
producer	المُخْرِج

B. General Terminology

enjoys it		يَسْتَمْتِع فيها
Arab citizen		المُواطِن العَرَبي
available		مُتاحَ
I was fortunate		كُنت مَحظوظ
I swallowed a lot, I drank a lot		نَهَلْت من الثّقافة الرّوسيّة العريقة والثّقافة العالميّة
forming my cultural identity		تشكيل هويتي الثقافيّة
layer		طَبَقات
enriching the world		إغناء العالم
depends on		يعتمد على
huge sea of culture and arts		بَحْر هائِل مِنْ الثّقافَة والفُنون
major contribution (literally, "a long arm") in advancing world art		باع طَويل في تَقْديم وتَطْوير الفَنّ العالَمي
invention		إخْتِراع
to liberate	II	حَرّر، يُحَرِّر، تَحرير

to enrich	أغْنى، يُغْني، اِغناء
They have enriched the cultural movement in the country	أغْنوا الحَرَكَة الثّقافِيّة في البَلَد
from one country to the next	بين بَلَد وبَلَد آخَر
wit, cleverness	ذَكاء
conscience	ألضَّمير
the greatest impact on the human soul	التَّأثير الأكْبَر على نَفْسيَّة

C. Colloquial Expressions

which I used to see	اللّي كُنْت أشوفُه = الّذي كُنْتُ أُشاهِدُه
wherever he wants	وين ما بِدّه = أيْنَما شاءَ
originated here	طِلعَت من هون = صَدَرَت هُنا
began here	بَلَّش هوني = بَدَأَ هُنا
makes your heart beat	بتخبُط قلبك = تجْعَلُ قَلْبَكَ يَخْفِقُ
that one	هذيك = تِلْكَ
a bit, somewhat	شوية = قَليلاً

We go back to it	منرجَعلها = نَرْجِعُ لَها
builds our spirits	بْتِبْني روحْنا = تَبْني روحَنا
they put him	حَطّوه = وَضَعوه
wall	الحيطَة = الحائِط
to put	يحُطّ = يَضَع
to make, to fix	سَوّى = عَمِلَ، أصْلَحَ
richness	غِنا = غِناء
both of them	إِثْنناتُن = اثْنَتاهُما
here comes	هون بيجي = هُنا يَأتي
goes in, penetrates	بْتُدْخُل = تَدْخُل
she has	إلها = لَها

Exercises

A. WRITING ACTIVITIES

1. Select ten terms and expressions introduced in this chapter and formulate a sentence using each of them.

2. Write an essay of 50 or more words *in Arabic* describing the theater and its importance for cultural life in the US.

B. SPEAKING ACTIVITIES

1. Translate and then answer *in Arabic* the comprehension questions that follow each of the segments in this chapter.

2. Discuss with your classmates the importance of art in both the individual and the national life.

الإِعْلامُ العَرَبِيّ

Grammatical Features

Review the following:

- Comparative and superlative, the pattern أَفْعَل:

  أَخْطَر، أَكْثَر

- Form VIII verbs with first radical و

  (و.ج.ه) مُتَّجِهَة إِتِّجاه ديني

- The verb صارَ (to become): صِرْتُ أَفْهَم أَكْثَر وأَكْثَر

SEGMENT 1 (COLLOQUIAL) TIME CODE: 1:28:36

الإعْلام، الإعْلام هو أخْطَر أَداة لِلْوُصول للمُشاهِد لأنُّه أصْبَحنا نِحْنَ مُدْمِنين علإعْلام[1]. فَالإدْمان هذا إذا مَصْدَرُه سيئ طول الوَقْت يُدَمِّر الإنْسان، لكِنْ إذا في مَصادِر جَيِّدة فَبسَوّي في تَوازُن عِنْدَك. فَهونَة خُطورِة الإعْلام وخُصوصاً الإعْلام المُسَيَّس، لأنُّه كُلّ حُكومِة بِدّها تَعْكِس الايديولوجي تَبَعْها من خِلال إعْلامْها. فالايديولوجي هاي، الفِكْر تَبَع الحُكومات اللّي شْوَي مُتَّجِهَة إتِّجاه ديني والحُكومات اللّي عِنْدْها إنْفِتاح فِكْري والحُكومات اللّي عِنْدها إتّجاه سِياسي مُعَيَّن، بِنعْكِس بِإعْلامْها. فهي مَدْرَسِة، مَدْرَسة للمُشاهِد إنُّه يِتْعَلَّم ويِفْهَم رأي الآخَر وهذا الإنْفِتاح بِغْنينا نحن كَعَرَب إنُّه نْشوف هالمَدارِس مُخْتَلِفَة من دينيِّة لعِلْمانيّة في نَفَس الوَقْت.

---

[1] علإعْلام = على الإعْلام

Answer in English:

1. In what context does the speaker use the term إدْمان (addiction)?
2. What does the speaker say about politicized media?
3. The speaker in this segment describes the media as "school for viewers." How does he explain this comparison?

SEGMENT 2 TIME CODE: 1:29:53

لَيْسَ هُناك إعْلام عَرَبي حُرّ مِئة في المِئَة بَعْد، ولَكِن نَقْتَرِب كَثيراً مِنْ هذه الدَّرَجَة.

Answer in English:

1. What does the speaker say about the Arab media?
2. What does he think about the chances for achieving a perfect Arab media?

SEGMENT 3 TIME CODE: 1:30:00

تَلْعَب الفَضائيّات العَرَبِيَّة دَوْراً مُهِمّاً في حَياة المُواطِن العَرَبيّ وَهِيَ وَهِيَ أُعْطيها دَوْراً أساسِيّاً في في تَضْييق الفَجْوَة السِياسِيَّة بين المُشاهِد، بَيْنَ المُواطِن العَرَبي، والسِّياسَة العالَمِيَّة. فَقَبْلَ الفَضائيّات العَرَبِيَّة كُنّا نَسْتَمِع أَكْثَر الأَوْقات إلى وَسائِل إعْلامِيَّة تابعَة للحُكومات العَرَبِيَّة والّتي كانَت تَنْتَقي ما عَلَيْنا مُشاهَدَتُه وما عَلَيْنا عَدَم مُشاهَدَتَهُ وعَدَم مَعْرِفَتِه. فالحُرِّيَّة، فالحُرِّيَّة المُتَواجِدَة في الفَضائيّات ساعَدَت إلى، بِحَدّ، إلى حَدٍّ كَبير بِتَحْريك المُواطِن العَرَبي ونَقْل الصّورَة كَما هِيَ في الواقِع مِن واشِنْطُن ومِنْ فَلَسْطين ومِن العِراق ومِن إسْرائيل ومِن ومِن بَغْداد.

Answer in English:

1. What role does the speaker ascribe to the Arab satellite stations?
2. According to the speaker, what role did the government play in the Arab media until recently?
3. What does the speaker say about the benefits of the Arab satellite stations?

SEGMENT 4 (VERY RAPID) TIME CODE: 1:31:05

ما تَلْعَبُة الفَضائيّات هو بِصِفَة عامّة خَلْق ثَقافَة سياسيَّة جَديدَة. فَعِنْدَما تُذيع قَناة "الجَزيرة" أو قَناة "العَرَبيَّة" أو <قَناة> "أبو ظَبي" أَوْ أيّ مِن هذه الفَضائيّات خَبَرْ أوْ بِرنامِج ويُشاهِدُها العَديد مِنَ العَرَب في مُخْتَلَف الدُّوَل العَرَبيَّة، هذا يُخْلِق إحْساس بالوِحْدَة وبالهُوِيّة ولَكِن لَيْس مَعْنى هذا تَرجَمَتُها إلى حَرَكَة سِياسيَّة أَوْ أَوْ أَوْ عَمَل مُشْتَرَك.

Answer in English:

1. What does the speaker mean in the first sentence?
2. What impact do the Arab satellite stations have on Arab identity in the view of the speaker?

SEGMENT 5 (COLLOQUIAL) TIME CODE: 1:31:35

بَلَّشَت بَعْض الفَضائيَّات بِالتَّرْكيز على الثَّقافَة وهذا مُهِمّ جِدّاً لأنُّه أنا بِهِمّني إنُّه إبْني يْشوف اللّي بِحِب يشوفه مِن أغاني، مِن هذا، لكِنْ كَمان يِشوف ويْسْمَع الثَّقافَة.
فَبَلَّشَت الفَضائيّات تْحُطّ بَرامِج مُتَخَصِّصَة بالثَّقافَة والفَنّ، الفَنّ التَّشْكيلي والموسيقَى المُبْدعة والمَسْرَح والأفْلام الهادفة. فهذا أنا بِهِمّني إنُّه أَكْتَشِف هالمَحَطّات هاي وأُحاوِل إنّي أقَدِّمها لأوْلادي حَتّى يِغْنوا ثَقافِتْهُم ويِغْنوا روحْهُم بهالإبْداع العَرَبي الجَميل.

Answer in English:

1. The speaker uses the term بِهِمّني (= يَهُمُّني) twice. What is he referring to?
2. According to the speaker, what have the satellite stations begun broadcasting recently? How does he feel about this trend?

SEGMENT 6 (VERY RAPID) TIME CODE: 1:32:25

إتِّباع القَنوات العَرَبِيَّة للُّغة الفُصْحى يُتيح للمُسْتَمِعين في جَميع أنْحاء الوَطَن العَرَبيّ الفَهْم السَّلِس والسّليم بالإضافَة إنّ الكَثير مِن العَرَب يَقْضون أوقاتاً كَثيرة مع هذه الفَضَائيّات وهذا يُساعِد أعْتَقِد، على ما أعْتَقِد، في تَحْسين لُغتهم في إتِّجاه تَعَلُّم اللُّغة العَرَبِيَّة الفُصْحَى السَّليمة.

Answer in English:

1. Clarify the meaning of the first phrase (اتِّباع القَنوات العَرَبِيَّة للُّغة الفُصْحى يُتيح للمُسْتَمِعين) in this segment.
2. What impact do the Arab satellite stations have on the Arabic language, according to the speaker?

SEGMENT 7 TIME CODE: 1:32:47

كَما أُعْطيها[2] دَوْراً أيْضا في إعادَة إعادَة الأهَمِّيَّة لِلُّغَة
العَرَبِيَّة الّتي كانَت مَنْسِيَّة والّتي أخَذَت مَحَلُّها لَهَجات
أحْياناً بَعيدَة كُلّ البُعْد عَنْ عَنْ عَنْ اللّغة العَرَبِيّة
الكلاسيكِيَّة. فَنَحْنُ عِندَما نَسْتَمِع أربَعة وعِشرين ساعة
وسَبعَة أيّام في الأُسْبوع إلى إلى الفُصْحى بالطَّبْع سَ
سَ سَنُبَلوِر لَفْضاً أسْلَم و وجُمَلاً وعِبارات أصَحّ.

Answer in English:

1. What importance does the speaker attribute to the Arab satellite stations in the first paragraph?
2. What impact does the speaker expect the satellite stations to have on the Arabic language?

---

[2] The pronoun suffix refers to الفَضائِيّات.

SEGMENT 8 TIME CODE: 1:33:35

قَبل عِشرين سَنِة اللَّهْجَة المَغْربيَّة كانَت لَهجة غَريبة، شْوَيْ شْوَيْ، مع إسْتِماعي المُسْتَمِرّ لَلْمَحَطّات المَغرِب العَرَبي[3]، صُرْت أفْهَم أكْثَر وأكْثَر وهُم صاروا يِفْهَموا أكْثَر عَلينا. فَهذا أكيد بِسَوّي تَقارُب للوَطَن العَرَبي، تَقارُب لُغَوي وثَقافي ومَعْرِفي، وهذا جِدّاً مُهِمّ. يَعني أنا بَشوف إنُّه المَحَطّات الثّقافِيّة نِعْمَة ولَيْسَتْ نَقْمَة.

Answer in English:

1. What is the main idea expressed by the speaker?
2. Explain the speaker's last sentence.

[3] لِلْمَحَطّات المَغرِب العَرَبي should be لِمَحَطّات المَغرِب العَرَبي as an *iḍāfa*.

SEGMENT 9   TIME CODE: 1:34:07

هناك مُشْكِل، مُشْكِل كَبير في العالَم العَرَبي وواضِح،
أَعْتَقِد، وَهو مُشْكِل الأُمِّيَّة. فَنِسْبَة الأُمِّيَّة مُرْتَفِعة جِدّاً
والقَنَوات العَرَبِيّة أَعْتَقِد أَنَّ مِنْ واجِبها أَنْ تَقوم بِنَوْعٍ مِنْ
نَشْرِ اللُّغَة العَرَبِيّة لِيَسْهُلَ الحِوار ويَسْهُلُ التَّفاهُم .

Answer in English:

1. What problem does the speaker identify in this segment?

2. What should the Arab satellite stations do to address the problem, according to the speaker?

SEGMENT 10 TIME CODE: 1:34:33

أرى "الجَزيرة" لها أَثَر إيجابي على المُواطِن العَرَبي الطَّبيعي، العامّ. ولَها أثَر كَبير في نَظَري حَيْثُ إنَّ أكْثَر من خَمْسون[4] بالمائة مِنَ العَرَب لا يَسْتَطيعون القِراءَة ولا الكِتابَة، وهُنا يُصْبِح دَوْر التِلْفِزيون أكْثَر أهَمِيَّة حَيْث لا يَسْتَطيع نِصْف السُّكّان العَرَب الإطِّلاع على الصُّحُف والمَجَلّات، وهُنا يَبْرُز دَوْر قَناة "الجَزيرَة".

Answer in English:

1. What impact does *Al-jazīra* have on the Arab viewer, according to this speaker?
2. What is the speaker's rationale for saying this?

[4] See Footnote 7 in Chapter 7 (Illiteracy in the Arab World).

Terminology

A. Topical Terminology

information, media		إعْلامٌ ، الإعلام
the politicized media		الإعلام المُسَيَّس
the media		وَسائِل الإعْلام
to watch	III	شاهَدَ، يُشاهِدُ، مُشاهَدَة
viewer		مُشاهِد
satellite		الفَضائيّات
to listen to	VIII	اِسْتَمَعَ، يَسْتَمِعُ، اِسْتِماع
transmitting the picture		نَقْل الصّورَة
to broadcast	IV	أذاعَ، يُذيعُ، اِذاعة
news item, news		خَبَر، أخْبار
special program		بَرامِج مُتَخَصِّصَة
channel		قَناة، قَنَوات
newspaper		صَحيفَة، صُحُف
magazine		مَجَلّة، مَجَلّات

B. General Terminology

to be addicted	IV	أَدْمَنَ، يُدْمِنُ، اِدمان
source		مَصْدَر، مَصادِر
to destroy	II	دَمَّر، يُدَمِّر، تَدْمير
balance		تَوازُن
danger		خُطورَة
especially		خُصوصاً
to reflect, mirror	I	عَكَسَ، يَعْكِسُ، عَكْس
through		مِن خِلال
the other's opinion		رأي الآخَر
to choose a direction	VIII	اِتَّجَهَ، يَتَّجِهُ اِتِّجاه
religious direction		إتِّجاه دينيّ
religious school		مَدْرَسَة دينِيَّة
secular school		مَدْرَسَة عِلمانِيَّة
free		حُرّ
freedom		حُرِيَّة

C. Colloquial Expressions

to want, to desire	بَدّو = يُريد
that belongs to her	تَبَعها = التّابِع لَها
this	هاى = هذه
a little	شوي = قَلَيل
to see	نْشوف = نَرَى، نُشاهِد
to begin	بَلّشَت = بَدَأَت
we	إحْنا = نَحْنُ
to make, to result in	بسَوّي = يَعمَل ، يُؤَدّي إلى، يُصْلِح
here	هون = هُنا

Exercises

A. WRITING ACTIVITIES

1. Select ten terms and expressions introduced in this chapter and formulate a sentence using each of them.

2. Write an essay of 70 words or more *in Arabic* on the media in America. What are the various media (newspapers, magazines, Internet, TV, radio, etc.)? What are the most influential ones, in your view? How do they impact your political views, cultural identity, and language?

B. SPEAKING ACTIVITIES

1. Translate and then answer *in Arabic* the comprehension questions that follow each of the segments in this chapter.

2. Listen to a newscast or a cultural program on one of the Arab satellite stations and report in Arabic to your classmates on what you learn from that program.

القَضِيَّة الفِلِسْطِينِيَّة

Grammatical Features

Review the following:

- The negation particle لم with hollow and defective verbs (weak-*lām* verbs):

  لم أَزُرْ أَيْ مُخَيَّم فَلَسْطيني

  لم يحضَ بِاستقلاله أَوْ بِوَطَنِه أَوْ بِهَوِيَّة مُسْتَقِلَّة

- التَّمييز (accusative of specification):

  أنا أَعْتَقِد أَنَّها مِن أكْثَرِ الأَسْئِلة والأُمور تَعقيداً

SEGMENT 1 TIME CODE: 1:35:07

القَضَيَّة الفَلَسْطِينيَّة[1] هي شَيْئَيْن : هي قَضيَة سياسيَة عَرَبيّة، لَيْسَتْ فقط فَلَسْطينية، وَهيَ قَضيّة دينيّة أيْضا. لأنَّ دَوْلَة إسْرائيل أُسِّسَتْ على أساسٍ دينيّ، وَالفَلَسْطينيون لَيس هنالكَ بَيْنَهم نسْبَة يَهود. ولهذا المَسْألة السِّياسيَّة الأساسيّة بقضَّة فَلَسْطين تَنْتَهي بأن تَكون أوْ تَأخُذ شَكْلاً دينيّاً مُعَيّناً، ولكن بِنَفس الوَقْت هي مَسْألة سياسيَّة أساساً.

Answer in English:

1. What are the various dimensions of the Palestinian problem according to the speaker?
2. What is the speaker's conclusion regarding the true nature of the Palestinian issue?

---

[1] There are two variants of this term, used interchangeably: الفَلَسْطِينِيَّة and الفِلِسْطِينِيَّة.

SEGMENT 2 (VERY RAPID) TIME CODE: 1:35:42

المُشْكِلَة الفلِسْطينية مُشْكِلة قِطعة مِنَ الأَرْض يَتَنازَع عَلَيْها شَعْبين، الشَّعب الفَلَسْطيني وما أصْبح مَعروف الآن بالشَّعب الإسْرائيلي.

ولا أستَطيع أنْ أُنْكِر، خاصَّةً بَعْدَما جئْتُ لِلْوِلايات المُتَّحِدَة وقَرَأتْ الأدَبْ الغَرْبي، أنَّه كانَ هُناك وُجود يَهودي على الأرْض التي تُسَمَّى فَلَسْطين أو إسْرائيل اليَوْم، هُناكَ وُجود تاريخي لِلْيَهود في هذه المَنْطِقَة. وَلكِنْ ما يَجْهَلَه الغَرْب لِلْأَسَف هُوَ كَيْفّية هذا الوُجود وَتَحْتَ أيْ ظُروف ومُسَمّيات، هذا ما يَنْكِرَه الغَرب ويَنْكِرَه العَرَب إلى حَدٍ ما، وإنْ <كانَت> بَعض الحُكومات العَرَبيّة تَعْتَرِف بِدَوْلَة إسرائيل اليَوْم.

المُشْكِلَة، كَما يعرِفْها الجَميع، المُشْكِلَة الفِلِسْطينية، لها بُعد ديني وبُعد سِياسي وبُعد جيوستراتيجي.

Answer in English

1. What did the speaker learn after coming to the US?
2. In what context does the speaker use the phrase ما يَجْهَلَه (that of which they are ignorant)?
3. What dimensions does the speaker identify in the Palestinian question?

SEGMENT 3 (COLLOQUIAL) TIME CODE: 1:36:27

زَيْ أَيْ شَخْص في هالمَنطقة هاي، نَشَأنا وَتَرَعْرَعْنا مع القَضِيِّة <الفلسْطينيِّة>. فالقَضيِّة <هِيَ> جُزْء هامّ مِنْ حَياتْنا وإلها تَأثير عَلينا مُباشِر، تَأْثير نَفْساني، تَأْثير إقْتِصادي، تَأْثير ثَقافي وَحَضاري.

فِلِسْطين، طَبْعاً، عَزيزِة وغالي عَلينا كُلّنا وْعَلى كُلّ عَرَبي، يَعْني ما في إنْسان عَرَبي عِنْدُه بُرودَة نَحْو فِلِسْطين.

فِلِسْطين التّاريخ والحَضارَة والدّين وكُلّ شيئ فيها. لما بِتِمْشي بِشَوارِع القُدْس أَنْتَ بِتِحِس بِكُلّ الأنْبيا[2] ، بِتْشوفْهُم قُدّامَك، بِتشوف تاريخَك وْحَضارْتَك كَمُسْلِم

---

[2] الأنْبياء = the prophets

وَكَمَسيحي.

فلسْطين لا شَكّ إنّها عَرَبِيِّة، فلسْطين هِيَ ضَميرنا، ضَمير الأُمَّة. وَبِكُلّ أَسَف هِيَ مِشْ قَضِيِّة دينيِّة أَبَداً، هِيَ قَضِيِّة سِياسيّة بَحْتَة وكان في تَواطؤ تاريخي مِنْ حُكومات الأَسْتِعْمار وكان في مُخَطَّط والمُخَطَّط مِشي لإنْشاء دَوْلَة إسْرائيل.

Answer in English:

1. What impact does the Palestinian question have on the Arab individual, according to the speaker?
2. According to the speaker, what does one feel when walking in the streets of Jerusalem?
3. How does the speaker characterize the Palestinian question?

SEGMENT 4 TIME CODE: 1:37:50

القَضِيَّة الفِلِسْطينيَّة، أنا أعْتَقِد أنَّها مِن أكْثَر الأَسْئلة والأُمور تَعقيداً، لأنَّها، لأَنَّ لَها العَديد مِنَ الجَوانب، حَيْثُ أَنَّها لَيْسَت فَقَط قَضِيَّة تَتَمَحوَر حَوْلَ الوَضْع السِّياسي أوْ الإقْتِصادي أوْ الدّيني أوْ الثَّقافي. فَكُلُّ هذه العَوامِل تَلعَبْ دَوْراً وَتَجْعَل الصِّراع أكْثَر تَعْقيداً وأصْعَب، أكْثَر صُعوبَة وَتَجْعَل إيجاد حُلول لِلصِّراع أكْثَر صُعوبَة.

أنا أعْتَقِد أنّ الصِّراع الفَلَسْطيني مُهِمّ في تاريخ الحَضارة العَرَبيَّة بِشَكل عامّ، لأنّ الصِّراع الفِلِسْطيني مِنْ أحد الصِّراعات الّتي لم يَتِمّ حَلّها حَتّى الآن. والشَّعْب الفِلِسْطيني[3]، حَيْثُ أنّ العَديد مِنَ الدُّوَل العَرَبيّة خَضَعَت للإسْتِعمار وخَضَعَتْ للإحْتِلال البريطاني أوْ الإحْتِلال الفَرَنْسي، ولكِنَّ الشَّعب الفِلِسْطيني كانَ، ولا يَزال يَبقى

---

[3] A misplaced phrase, indicating an incomplete thought.

الشَّعب العَرَبي الوحيد الذي يَزال، الَّذي لم يحضَ
باستقلاله أوْ بِوَطَنه أوْ بِهَوِيَّة مُسْتَقلَّة.

Answer in English:

1. In what context does the speaker mention the term
   istiᶜmār (imperialism)?

2. What dimensions does the speaker identify relating to the
   Palestinian question?

3. Why does the speaker think that the Palestinian question
   is important for Arab cultural history in general?

SEGMENT 5   TIME CODE: 1:39:04

أعْتَقد أنَّ القَضِيَّة الفَلَسْطينيَّة قَضيَّة عادلة جدًّا، وَلعَدالة
القَضيَّة الفلسْطينية فأعْتَقد أنَّه يَوْم مِنَ الأيّام سَيَنالون الحَقّ
الذي يَكْتَسبونَه، لأنَّهُم جاهَدوا كَثيراً مِنْ أجلِ القَضيَّة
وهي قَضيَّة عادلة جدًّا. لكنّني أرى أنّ في العالَم إزْدواجيَّة
المَعايير والقياس بمعيارٍ مُخْتَلِف واسْتِخْدام أشياء لَيْسَتْ
واردة لَدَينا.

Answer in English:

1. How does the speaker characterize the Palestinian issue?

2. In what context does the speaker talk about double
   standards ?

SEGMENT 6 (VERY RAPID) TIME CODE: 1:39:39

أنا مِصْري وهنُاكَ الكَثير من الفِلسْطينيين في مَصْر لكنّي لم أزُرْ أيْ مُخَيَّم فَلَسْطيني، لا أعْتَقد أنَّ هُناك مُخَيّمات بمَعْنى مُخَيّمات في مَصْر و لم أزُرْ أي مُخَيّمات في الأرْدُن أو لُبْنان أو سوريا. ولكنّي رأيتُ الكَثير من الفلسْطينيين في الكُويْت، دَوْلَة الكُويت. ومِمّا رأيتَهُ مِن بِضْع[4] الفِلسطينين هُناك لا يَتَعَدّو<ن> عَشْرة، وتَحَدَّثْتُ مَعَهُم عَن حياتِهِم كَفِلسْطينيين في الكُوَيْت. لم تَكُن حالَة جَيِّدَة مِن حَيْثُ التَّمَتُّع بالحُقوق المَدَنيّة الأساسِيّة أو حُقوق العَمَل أوْ حُقوق التَّعْليم . فالفَلسطيني يَعيش، حَتّى للأسَف هذه حَقيقَة، كَما قُلْت رأيتَها بدَوْلَة الكُويت ولا أعْتَقد أنَّها بالكُويت بِصفَة خاصّة، ولكنَّها في دُوَل الخَليج بِصفَة عامّة والدُّوَل العَرَبيَّة عامّةً يَعيش الفَلَسْطينيي في جِو

---

[4] بِضْع= بَعْض

غير مُرَحِّبٌ [5] به وَإِن كانَ يُسْمَحُ لَهُ بِالْعَمَلِ أَحْياناً
والتَّعْليم أَحْياناً أُخْرى، ولكنّه في النِّهايَة غَيرَ مُرَحَّبٌ
بِوجوده وُجود دائِم، فَهُوَ هُناكَ بِصِفَة مُؤَقَّتَة.

Answer in English:

1. Where did the speaker encounter Palestinians and talk to them about their lives?

2. How does the speaker describe the life of Palestinians in Arab countries in general?

3. What is the meaning of the phrase وَإِنْ كانَ in the last paragraph of this segment?

SEGMENT 7　　　　　　　　　　　　　TIME CODE: 1:40:40

أنا لا أَعْتَقِد أنَّ هُناكَ أيْ حَلّ لِلْمَسْألة الفَلَسْطينية بدون
حَلٍّ لِمَسْألَة اللّاجِئين الفَلَسْطينيين. إذا كانَ هُناكَ [6]، العالَم
اليَوْم يَتَعامَل مع عِدَّة مَشاكِل لاجِئين مِن كُلّ أَنْحاء
العالَم، هُناكَ لاجِئون في كُلّ أَنْحاء العالَم، ولكِنْ العالَم

---

[5] The speaker probably meant مُرَحَّب (the passive participle), not مُرَحِّب (the active participle).

[6] An incomplete thought.

كُلُّه مُتَّفِق عَلَى أَنَّ على اللّاجِئين أنْ يَعودوا إلى أوْطانِهِم، لِماذا لا يَكون هذا بالنِّسْبة للّاجِئين الفلسطينيين؟. يجب على اللّاجِئين الفَلَسْطينيين أنْ يَعودوا بِشَكْلٍ أوْ بِآخر لِوَطَن يَقْبَلونَه ولِوَطَن يَقْبَلْهُم.

سُؤال: وما هُوَ أوْضاع، الظُروف الإقْتِصادِيَّة والإجْتِماعِيَّة للّاجِئين في بَلَدِكَ، في لُبْنان؟

أوضاع صَعبَة جِدّاً.

اللّاجِئون الفَلَسْطينيون لا يَسْتَطيعون أنْ يَجدوا عَمَلاً في لُبْنان. هُناكَ قَوانين مَنَعَت تَوْظيف اللّاجِئين الفَلَسْطينيين غَيْر المُسْتَوْطِنين، بِعِبارة أُخْرى غَير الّذين عِنْدَهم جِنْسِيَّة لُبْنانِيّة، هُم لا يَسْتَطيعون أنْ يَخْرُجوا حَتّى من المُخَيَّمات، لا يَسْتَطيعوا أنْ يَجدوا عملاً أو يَذْهَبوا إلى المَدارس اللُّبْنانية، ولهذا وَضْعَهُم بائس جدا.

وعلى، لَيْسَ فَقَط الدَّوْلة اللُّبْنانِيَّة والحُكومَة اللُّبْنانِيَّة بَلْ أيْضاً الحُكومات العَرَبِيَّة والمُجْتَمَع الدَّوْلي كُلَّه أنْ يَحِلّ

هذه المُشْكِلة.

Answer in English:

1. What does the speaker see as a solution to the refugee question?
2. How does the speaker describe the conditions of the Palestinian refugees in Lebanon?
3. According to the speaker, who should be involved in finding a solution to the problem of the Palestinian refugees?

SEGMENT 8 TIME CODE: 1:41:58

بالنِّسْبَة لِمُشْكِلَة اللّاجئِين أنا أعْتَقِدُ أنَّ السَّبَب الّذي جَعَل
العَديد مِن البَوادِر السِّلْمِيَّة تَفْشَل هو أنّ العَديد مِنْ هذه
المُبادَرات لَم تَتَطَّلَع أوْ لَم تأخُذ بِعَيْن الإعْتِبار مُشْكِلَة
اللّاجئِين. كانَت أغْلَبُها، خارِطَة الطَّريق أو العَديد مِنَ
المُبادَرات الأُخْرى الّتي اقْتَرَحَتْها الدُّوَل العَرَبِيّة لم تأخُذ
بعين الإعْتِبار مُشْكِلَة اللّاجئِين و كانَت تَظُنّ أنَّ، على أنَّها
قادِرَة على أنْ تَتَجاهَل أوْ تَضَع مُشْكِلَة اللّاجئِين على،
تَضَع مُشْكِلَة اللّاجِئين على الرّف ولا تَتَطَّلع وتَقوم بِحَلّ

القَضايا الأُخْرَى بِغَضّ النَّظَر عَنْ مُشْكِلَة اللّاجئين. وأنا في إعْتِقادي هذا هُوَ السَّبَب الّذي جَعَلَ الكَثير مِنَ المُبادَرات تَفْشَل. لِذلِكَ لَيْسَ هُناكَ أيّ وَسيلة مِن حَلّ[7] الصِّراع بِدون أخْذْ مُشْكِلَة اللّاجئين بِعَيْن الاعْتِبار.

Answer in English:

1. The speaker mentions peaceful initiatives in the opening paragraph. What does she say about them?
2. What must happen before the conflict in the region can be resolved, according to the speaker?

SEGMENT 9 TIME CODE: 1:43:02

فَمَهْما صار، مَهْما حَدَث إذا اللّاجئين لم يعودوا لِوَطَنْهُم وْلَأَرْضْهُم مُسْتَحيل يْصير في سَلام عادِل في المَنْطَقَة[8].

Answer in English:

1. Explain the expression in the opening of this segment (فمهما صار، مهما حدث).
2. What conclusion does the speaker draw in this segment?

---

[7] The speaker probably meant to say لِحَلّ.

[8] The background shot is of the city of Nablus, the largest Palestinian city on the West Bank.

SEGMENT 10 (VERY RAPID) TIME CODE: 1:43:10

لا أعْتَقِد إنّه يُمْكِن حَلّ المُشْكِلَة الفِلِسْطِينِيَّة بِدون حَلّ مُشْكِلَة اللّاجئين فَهُناكَ أكْثَر مِنْ نِصْف الشَّعْب الفِلِسْطِيني يَعيش خارِج الأراضي الفِلِسْطينِيَّة ولا أعْرِف ماذا سَيكون مَصيرَهَم. دَوْلَة كَالكُويت أوكَلُبْنان لم تُعْطيهم الجِنْسِيَّة الكَوَيْتِيَّة اواللُّبْنانِيَّة وَلَن يَقْبَل الشَّعْب الفَلَسْطيني جِنْسِيِّة أُخْرى. فلا أعْتَقِد أنَّه سَيَكون هُناك حَلّ سَهْل بِدون حَلّ مُشْكِلة اللّاجِئين الّتي أعرِف إنّها حَجرة عَثَر[9] تَضَعْها إسْرائيل في أي تَسْوِيَة مُقْبِلَة.

سُؤال: كَيْفَ تَنْظُر إلى القِيادَة الفِلِسْطينِيّة؟ هَلْ هِيَ قِيادة قادِرة على حَلّ مشاكِل الفِلسطينيين؟ ما هو رأيَكْ بِحَلّ هذه المُشْكلة على أساس دَوْلَتيين، إسرائيلِيّة وفلسطينية، مُسْتَقِلَّتَيْن؟

قِيام دَوْلتين شَيئ جَيِّد ولكِنْ تَبْقَى من الأهَمِيّة طَبيعَة

[9] The speaker meant to say حَجر عَثْرَة.

الدَّوْلة الفلسْطينية، أي ماذا نُعْني بالدَّوْلة الفلسْطينيَّة، هَلْ
هِيَ دَوْلَة كَدُوَل، كَبَقية دُوَل العالَم أَوْ هِيَ دَوْلَة بِوَضْع
خاصّ، وَما هِيَ هذه الخُصوصيّة؟ ولكِنْ حَلّ دَوْلَتَيْن
هُوَحَلّ مَقْبول الآن، العَرَب يَقْبَلوه وأعْلَنوا هذا وَلكِنْ
تَوازُن القُوَى لا يَسْمَح بِتَطْبيقُه[10] وقُوَّة إسْرائيل وَمُسانَدَة
الوِلايات المُتَّحِدة لها عامِل أساسي في هذه المُعادَلَة.

Answer in English:

1. What does the speaker see as a critical issue in resolving the Palestinian question?
2. Why does the speaker think that the two-state solution, although good, cannot be implemented?

[10] Grammatically it should be بِتَطْبيقِه.

SEGMENT 11 TIME CODE: 1:44:21

فَإنَّ المُبادَرَة لِخَلْق دَوْلَتَينن مُسْتَقِلَّتَيْن لا يُمْكِن تَطْبيقَها بال[11] ، مَع وُجود الجِدار الفاصِل ومَع وُجود اسْتِمرار بِناء المُسْتَوْطَنات في الأَراضي الفِلِسْطينِيّة واسْتِمرار وُجود مُشكِلَة اللّاجِئين الّذين يُقيمونَ في الأَراضي الفَلَسْطينِيّة واللّاجِئين الّذين يُقيمون خارِج فِلِسْطين.

Answer in English:

1. What impediments does the speaker see to resolution of the Palestinian question?
2. Explain the expression مَع وُجود used twice by the speaker in this segment.

[11] An incomplete thought.

Terminology

A. Topical Terminology

issue, problem, cause		قَضِيَّة، قَضايا
the Palestinian question		اَلقَضِيَّة الفلسطينِيَّة
the Palestinians		الفلسطينِيّون
an Arab issue		قضِيَّة عَرَبِيّة
religious issue		قضِيَّة دينِيّة
political issue		قَضِيَّة سِياسِيَّة
religion		دين
religious		دينِيّ، دينِيَّة
on a religious basis		على أساس دينِيّ
to found, to establish	II	أسَّسَ، يُؤَسِّسُ، تَأسيس
to struggle, to be in conflict	VI	تَنازَعَ، يَتَنازَع، تَنازُع (=نِزاع)
two peoples struggling for one piece of land		قِطعَة أرْض يَتَنازَع عليها شَعبين
struggle, conflict		نِزاع = صِراع
presence		وُجود

historical presence		وُجود تاريخيّ
dimension		بُعْد، أبْعاد
to gain independence	X	اِسْتَقَلَّ، يَسْتَقِلُّ، اِسْتِقلال
independent		مُسْتَقِلّ
did not obtain his independence		لَمْ يَحظ باسْتِقلاله
independent identity		هَوِيّة مُسْتَقِلّة
homeland		وَطَن، أوطان
refugee		لاجِئ، لاجِئون
camp		مُخَيَّم، مُخَيَّمات
refugee camp		مُخَيَّم لاجِئين
refugee problem		مُشْكِلَة اللّاجِئين
right		حَقّ، حُقوق
enjoy basic civil rights		يَتَمَتَّع بالحقوق المدنية الأساسية
nationality		جِنْسِيَّة، جِنْسِيّات
obtain citizenship		حَصَلَ عَلَى جِنْسِيَّة

B. COLLOQUIAL EXPRESSIONS

like every other individual in this area	زي أي شخص في المنطقة هاي
dear to all of us and to every Arab	عزيزي وغاليي علينا كلنا وعلى كل عربي
There is no Arab who has a cold attitude toward Palestine	يعني ما في إنسان عربي عنده برودة نحو فلسطين
when you walk in the streets of Jerusalem	لما بتمشي في شوارع القدس
You feel all the prophets, you see them in front of you	فأنت بتحس بكل الأنبياء، بتشوفهم قدامك

Exercises

A. WRITING ACTIVITIES

1. Select ten terms and expressions introduced in this chapter and formulate a sentence using each of them.

2. Write an essay of 80 words or more on the question of Palestine as you understand it: a brief history, the causes of the problem, and possible solutions.

3. Express in Modern Standard Arabic each of the colloquial terms and expressions listed in the vocabulary for this chapter

B. SPEAKING ACTIVITIES

1. Translate and then answer *in Arabic* the comprehension questions that follow each of the segments in this chapter.

2. Based on your knowledge of the Palestinian refugee issue, discuss with your classmates other refugee problems throughout the world, the causes of these problems, the conditions of the refugees in the camps, and possible solutions to these problems.

Chapter 18 My Life in America

حَياتي في أمْريكا

Grammatical Features

Review the following:

- The cognate accusative (المَفعول المُطْلَق):

  العادات في أمْريكا تَختَلِف إختِلافاً كُلِّياً عَن عاداتنا

- The verb أَعطى

- The accusative of purpose (المَفْعول لِأَجْلِه):

  طَلَباً في المَزيد مِنَ العِلْم

SEGMENT 1 TIME CODE: 1:45:05

الحَياة في أمْريكا جَميلَة، البلاد جَميلَة جدّاً: النَّظافَة، الشَّوارِع الواسِعَة، المَناظِر الجَميلَة، الخُضْرَة في جَميع الأَماكِن، ألْمَناظِر الحِلوَة، هَنْدَسَة البُيُوت جَميلَة جدّاً.

Answer in English:

1. What does the speaker say about streets in America?
2. What does the speaker say about architecture in America?

SEGMENT 2 TIME CODE: 1:45:29

الحَياة في أمْريكا جَميلَة جدّاً وَصَعْبَة جدّاً في نَفْس الوَقْت. هي، الحَياة في أمْريكا خاصَّة لِلْمُهاجرين تَجْعَلْك تَتَعَلّمين[1] الكَثير في وَقْت بَسيط جدّاً. رُبَّما لم تُتاح[2] لي الفُرْصَة لِتَعَلُّم أشْياء كَثيرَة في مِصْر كَما تَعَلَّمْتَها في هذا الوَقْت القَصير في أمْريكا.

---

[1] The speaker is addressing a female interviewer.

[2] Grammatically it should be لم تُتَحْ.

Answer in English:

1. How does the speaker characterize life in America in general?

2. What does the speaker say about the learning process in the US?

SEGMENT 3   TIME CODE: 1:45:52

بِالنِّسْبَةَ لِي طَبْعاً العادات هنا في أَمْريكا تَخْتَلِف إِخْتِلاف

كُلّي عَن العادات الَّتي تَرَبَّيَّت عَلَيْها في العالَم العَرَبِيّ

وبالأَخَصّ في مَصْر. وكانَ في البِدايَة هُناكْ صُعوبَة لي

ولِعائِلَتي بالأَخَصّ لأنَّ عندي بِيْتِين³ وكُنَّا دائماً أنا

وَزَوْجتي نُحاوِل دائماً أنْ نَجْعَلْ بَناتِنا يَحسِنَّ بالفِكْر

العَرَبِيّ، فَمَثَلا صَمَّمْنا أنْ يَكونَ عِنْدَنا تِلْفِزيون به قَنَوات

لُغَة عَرَبِيَّة حَتَّى تَكون لُغَتُهُم العَرَبِيَّة قَوِيَّة.

---

³ Probably the speaker meant بِنتين, two daughters, as is evident from the following paragraph.

Answer in English:

1. How does the speaker characterize customs in the US?
2. Why did the speaker decide to have Arabic channels in his home in the US?

SEGMENT 4 TIME CODE: 1:46:32

لُغَتي الإنْكليزِيّة لَيسَت لُغَتُهم، تَعامُلي مع المُجْتَمَع كانْ مِنْ
خِلال تَجارِب وأخْطاء، يَعْني المُجْتَمَع كُلُّه نِظامُه نِظام
قائِم في حَدّْ ذاتُه يَخْتَلِف كُلّ الإخْتِلاف عَنْ النِّظام اللي
أنا كُنْتْ عايِش فِيه كَنُّ[4] السِّياسي ولا[5] الإقْتِصادي ولا
الإجْتِماعي. فَبالتّالي تَعامُلِك مع النِّظام على طول
بِتْشُعْري[6] حالِك غَرِيبَة.

Answer in English:

1. How did the speaker find his way in US society?
2. Why does the speaker feel like a stranger in this country?

---

[4] كَنُّ is a colloquial expression for إن كان.

[5] ولا ... ولا = أو ... أو

[6] The speaker is addressing a female interviewer.

SEGMENT 5   TIME CODE: 1:46:57

كَطالِبَة عَرَبِيَّة في أَمْرِيكا هُناك العَديد مِنَ الفَوارِق الثَّقافِيَّة
واخْتِلاف اللُّغَة، إخْتِلاف العادات، التَّقاليد. عِنْدَما
انْتَقَلْتُ للعَيش في نيويورك في عام أَلْفِين، كانَتْ، في البِدايَة
كانَتْ الأُمور صَعْبَة عليَّ لأَنّي لم أَكُنْ مُتَعَوِّدَة على نَمَط
الحَياة هُنا حَيْثُ أَنَّ نيويورك نَمَطْ الحَياة فيها أَسْرَع بِكَثير
مِن نَمَط الحَياة في الهِند أوْ في الضَّفَة الغَرْبِيَّة في فلسطين،
إخْتِلاف الأَكْل واخْتِلاف التَّقاليد. كُلّ هذه الأُمور كان
مِنَ الصَّعْب التَّأَقْلُم مَعَها في البِدايَة ولكِنْ الآن الحَمْدُ لله
الأُمور صارَت أَسْهَل.

Answer in English:

1. Why was it difficult at first in the US for the speaker?

2. What does the speaker say about the pace of life (نَمَط

الحَياة) in New York compared to that in other places she
has lived?

SEGMENT 6

TIME CODE: 1:47:58

أنا أُدَرِّس اللُّغَة العَرَبِيَّة في مَعْهَد كَبير في واشِنْطن وفي هذا المَعْهَد طُلّابي هُم مِنْ فئات مُتَنَوِّعة، هم بَعْضُهُم مِن جِهات[7] حُكومِيَّة وَبعْضُهُم مَنْ يَقْصِد السَّفَر إلى الدُّوَل العَرَبِيَّة ويَأْتو<نَ> هُنا لِكَيْ يَقوموا بِتَحْسين لُغَتْهُم العَرَبِيَّة. بَعْضُهُم طُلّاب يَذَهَبونَ في الصَّباح إلى الجامعات الأَمْريكِيَّة لِدراسة اللُّغَة العَرَبِيَّة ويَأْتونَ في المَساء طَلَباً[8] في المَزيد مِنَ العِلْم والمَزيد مِن الإفْصاح عَنْ بَعْض قَواعِد اللُّغة العَرَبِيَّة. بَعْضُهُم، وَوَجَدْتُ هذا كَثيراً، مَنْ هُوَ مُتَزَوِّج بِإمْرَأة عَرَبِيّة أو بِمَنْ هِيَ مُتَزَوِّجَة بِرَجُل عَرَبِيّ وَتُريد أن تَقوم أوْ يَقوم بِتَحْسين لُغَتُه العَرَبِيَّة.

Answer in English:

1. Where does the speaker teach Arabic?
2. How does he characterize the place where he teaches?
3. Mention different categories of students of Arabic the speaker has encountered as a teacher of Arabic.

---

[7] Notice how this Egyptian native speaker pronounces the letter ج in this word.

[8] Grammatically, this is an accusative of purpose (المَفْعول لأَجْلِه).

SEGMENT 7 TIME CODE: 1:48:56

نَوْعِيّة الطُّلّاب الذين يجيؤون لِدِراسة اللُّغة هُم مِن طُلّاب الجامعات الّذين لَدَيْهِم إهْتِمام الآن في اللُّغة العَرَبِيّة أوْ في لُغات أُخرَى. آخرين يَكونونَ مِنَ الأشْخاص الّذين سيذْهَبون إلى الشَّرْق الأَوْسَط ليَعْمَلون[9] هُناك أو مُتعاقِدونَ مع شَرِكاتٍ تَعمَلُ في تِلْكَ الدُّوَل، في دُوَل عَرِبيَّة، وَيُريدون أنْ يَدرُسوا اللُّغة العَرَبيَّة قَبلَ ذِهابِهِم.

Answer in English:

1. What are the two categories of students of Arabic mentioned by the speaker?

2. Comment on the use of the word in نَوْعِيّة this segment.

[9] Grammatically it should be لِيَعْمَلوا.

SEGMENT 8 TIME CODE: 1:49:31

من خِلال هذه التَّجْرِبَة، كُنْتُ، إنْدَهَشْتُ في البدايَة للإهْتِمام الكَبير الذي يُعْطَى لِلُّغَة العَرَبِيَّة حَيْثُ هُناكَ إرادَة قَوِيّة مِنْ طَرَف الطُّلاب لِتَعَلُّم هذه اللُّغَة وَهُناك إصْرار قَوِي عَلى إتْقان مَبادِئ هذه اللُّغَة وقواعِدِها الخ. وهي تَجْرِبَة أَعْتَزُّ بِها كَثيراً لأنَّ الطُّلاب عِنْدَهم حِرْص شَدِيد على تَعَلُّم هذه اللُّغَة وعلى إعْتِبار هذه اللُّغة بِمَثابَة الباب الّذي سيُفْضي بِهِم إلى عالَمٍ كَبير وَ<هُوَ> عالَم الثَّقافَة العَرَبِيَّة.

Answer in English:

1. What is the speaker trying to express by using the term إنْدَهَشْتُ?

2. Why is the speaker so proud (أَعْتَزُّ) of her students studying Arabic?

Terminology

A. TOPICAL TERMINOLOGY

to immigrate	III	هاجَرَ، يُهاجِرُ، مُهاجَرَة (هجرَة)
immigrant		مُهاجِر
immigration		هِجْرَة
difficult		صَعْب، صَعْبَة
the customs I grew up with		العادات الّتي تربيت عليها
especially		بالأخَصّ = خاصَّةً = خُصوصاً
difficulty		صُعوبَة
trial and error		تَجارِب وَأخطاء
interaction, dealing with		تعامُلي مع
strange, stranger (diaspora)		غَريب غَريبة (غُرْبَة)
differences		فَارِق فَوارِق
to become used to, to get in the habit of	V	تَعَوَّدَ، يَتَعَوَّدُ، تَعَوُّد
accustomed to, in the habit of (active participle of Form V)		مُتَعَوِّد
pace of life		نَمَط الحياة

to become acclimated	IIQ	تَأَقْلَم، يَأقْلَم، تَأَقْلُم
quality		نَوْعِيَّة
to contract (with someone)	VI	تَعاقَد، يَتَعاقَد، تعاقُد
to be astonished, to be surprised	VII	انْدَهَش، يَنْدَهِشُ، انْدِهاش
to be determined	IV	أصَرَّ، يُصِرُّ، إصرار
to perfect	IV	أتْقَنَ، يُتْقِنُ، اتْقان
to be proud of	VIII	اِعْتَزَّ، يَعْتَزُّ، اِعتِزاز
to be careful about, to take care of	I	حَرِصَ، يَحْرِصُ، حِرْص

B. Colloquial Expressions

the place where I used to live	اللي انا كنت عايش فيه
consequently, your interaction with the system	فبالتالي تعاملك مع النظام
Right away you feel yourself a stranger	على طول بتشعري حالك غريبة

Exercises

A. WRITING ACTIVITIES

1. Select ten terms and expressions introduced in this chapter and formulate a sentence using each of them.

2. Write an essay of 85 words or more on your experience as a student of Arabic. When did you start studying Arabic? Where did you study Arabic? Why are you studying Arabic? Compare your experience studying Arabic with other language learning experiences you may have had.

B. SPEAKING ACTIVITIES

1. Translate and then answer *in Arabic* the comprehension questions that follow each of the segments in this chapter.

2. Discuss with your classmates the same points covered in the writing activity above.

3. Have you ever lived in another country? If so, discuss your experiences living abroad.

العَلاقات العَرَبِيَّة الأمْريكِيَّة

Grammatical Features

Review the use of the particles: أَنْ، أَنَّ، إنَّ، لِكَي، حَتّى

لِكَيْ نَفْهَم الآخَر

أعْتَقِد أنَّ

كُلّ العَرَب يُحِبّون أنْ يَعيشوا عَلى الطَّريقَة الأمْريكِيَّة

كانَت سُمْعَة أمْريكا بِالعالَم العَرَبي أنَّها دَوْلَة عَظيمَة

SEGMENT 1 TIME CODE: 1:50:32

أَعْتَقِد أَنَّ أَسْبابَ تَدَهْوُرِ العَلاقات العَرَبِيَّة الأَمْرِيكِيَّةِ هُوَ أَوَّلاً السِّياسَة الأمريكِيَّة تجاه الشَّرق الأَوْسَط، هذا السَّبَبُ الرَّئيسيّ. السِّياسَة الأمريكيَّة تجاه الشَّرق الأَوْسَط لَيسَتْ سياسَة مُساوِية بَيْنَ بَيْنَ الشُّعوب العَرَبِيَّة وَدَوْلَة وَدَوْلَة إسْرائيل، وهذا هو السَّبَبُ الكَبير.

سُؤال: لكن هَلْ هُناكَ أشْياء يُحِبُّها العَرَب بالنِّسْبَة لِأَمْرِيكا؟ ما هي هذه الأشْياء؟

مَعْلوم[1]، هُناكَ أشْياء كَثيرَة. كُلّ العَرَب يُحِبّون أنْ يَعيشوا عَلى الطَّريقَة الأمْريكِيَّة، بالبَحْبوحَة الأمْرِيكِيَّة وبالحُرِّيّات الأمريكِيَّة وبالإقْتِصاد الأمْرِيكي.

أَعْتَقِد أَنَّ المُشكِلة مِنْ ناحِيَتَيْن: بَيْنَ الحُكومَة الأمريكِيَّة والشُّعوب العَرَبِيَّة والشَّعْب الأمْرِيكي والشُّعوب العَرَبِيَّة.

---

[1] Although it literally means "It is known," this expression is used to convey the meaning "of course."

الحُكومَة الأمريكيَّة لَيْسَت قادِرَة على الإجابَة عَلى طُموحات الشَّعْب العَرَبي، والشُّعوب العَرَبيّة بالإسْتِقْلال والديموقراطية والحُرِّية.

ألشَّعب الأمْريكي لا يَفْهَم الشَّعْب العَرَبيّ. ألشَّعب الأمْريكي يَنْظُر إلى الشَّعْب العَرَبيّ مِن منظار ديني، لا يَنْظُر للشَّعْب العَرَبيّ مِنْ مِنظار عِلْماني.

Answer in English:

1. What is the reason for the deterioration in Arab-American relations, according to the speaker in this segment?
2. In what context does the speaker use the term طُموحات (ambitions)?
3. How do American people look at Arab people, according to the speaker?

SEGMENT 2 TIME CODE: 1:51:38

الحَقيقة أنَّه لا أعتَقد أنَّ هُناكَ مُشْكل بَيْنَ الْمُواطِن الأَمريكيّ والْمُواطِن العَرَبيّ. وَلكِن هُناكَ مَشاكِل أعْتَقد ظَرْفيَّة مُرْتَبطَة بطَبيعة المَرْحَلة التي نعيشُها الآن وهِيَ مَرْحَلَة دَقيقَة بالنِّسبة للعالَم[2] بِكامِله وهذه المَرحَلة تَحْتاج إلى تَفَهُّمٍ كَبير وتَحْتاج إلَى حِوار بالدَّرَجَة الأُولَى. والحِوار هوَ مَسْأَلَة أساسيَّة في المَرْحَلَة الّتي نَحْنُ فيها، حِوار يَكون حِواراً بَنّاءً وحِواراً هادِفاً وحِواراً هَدَفُهُ أساساً هُوَ إسْعاد الإنْسان وهو المُحافَظَة على كَرامَة الإنْسان.

Answer in English:

1. What does the current state of affairs in Arab-American relations require in the view of the speaker in this segment?
2. How does the speaker characterize the dialogue she envisions between the two cultures?

---

[2] The speaker pronounces this as لِ ألعالَم.

SEGMENT 3

TIME CODE: 1:52:23

كانَت سُمْعَة أمْريكا بِالعالَم العَرَبي أَنَّها دَوْلَة عَظيمَة، أَنَّها دَوْلَة ذات حَضارَة ولَيْسَت[3] الفِكْرَة عن أمْريكا أَنَّها دَوْلَة إسْتِعْمارِيَّة. وَلكِنْ، أعْتَقِد أنَّ هُناك سوء فَهْم مِن السِّياسَة الأمْريكية لِلعالَم العَرَبيّ، وسوء فَهْم من العالَم العَرَبيّ للسِّياسَة الأمْريكِيَّة.

Answer in English:

1. What was America's reputation in the Arab world in the past, according to the speaker?
2. The speaker in this segment refers to "misunderstanding" (سوء فَهْم) Explain what you think he means: Who misunderstands whom?

---

[3] يقصد: لم تكن

SEGMENT 4 TIME CODE: 1:52:48

ألسِّياسَة الأمْريكيَّة الدّاخِليَّة تُؤَثِّر كَثيراً على سِياسَة أمْريكا الخارِجيّة في الشَّرق، حَتّى في، وخُصوصاً في الشَّرْق الأوْسَط. أمْريكا لَيْسَت قادِرَة على اتِّخاد مَواقِف غَيْر مُنْحازَة في الشَّرْق الأوْسَط. إذا كُنّا نُريد أنْ نَحِلّ الأزْمَة الفَلَسْطينية والأزْمَة الإسْرائيلّية —الفَلَسْطينيَّة ، عَلَيْنا أنْ نُشْرِك فُرَقاء آخَرين مِثْل المَجْموعَة الأوروبيَّة مَثَلاً.

Answer in English:

1. What is the relationship between internal American politics and foreign policy in the Middle East, according to the speaker?
2. Who does the speaker think should be involved in the peace process and why?

SEGMENT 5 TIME CODE: 1:53:14

الضُّغوط الدّاخليَّة، الضُّغوط الدّاخليَّة في الوِلايات المُتَّحدَة تَجْعَل مِنَ الصَّعْب على الوِلايات المُتَّحدَة أنْ تَتَّخذَ دَوراً حِياديّاً. ولكنْ الشَّرق الأوْسَط مِنْ ناحِية إقْتِصاديّة <و> سِياسِيّة هُوَ يُعْتَبَر مِنْ أهَمّ المَناطِق لِلوِلايات المُتَّحدَة، حَيْثُ أنّه يُنْتِج <البِتْرول>. هُناكَ الجانِب السِّياسي، حَيْثُ أنّه الشَّرق الأوسَط كانَ[4]، حَيْثُ أنَّه كُلَّما قَلَّت الإضطِّرابات السِّياسِيَّة كُلَّما كانَتْ العَلاقات بَيْن الشَّرق الأوْسَط والوِلايات المُتَّحدَة أكْثَر لُيونَةً. لِذا، فَإنَّهُ مِن المُهِمّ عَلى الوِلايات المُتَّحدَة أنْ تُحاوِل أنْ تَتَّخذ، أنْ تَأخُذ دَوْراً، أنْ لا تَتَحَيَّز لِجانِبٍ أو للآخر.

Answer in English:

1. How does the speaker characterize the importance of the Middle East to the US?
2. What would improve Arab-American relations, according to the speaker?

---

[4] An incomplete thought.

SEGMENT 6 (VERY RAPID) TIME CODE: 1:54:12

على المُسْتَوى السِّياسي بَيْنَ الحُكومات، الحُكومة الأمْريكية والحُكومات العَرَبيَّة ، أعْتَقد أنَّها سياسات جَيِّدَة في مُعْظَم الأحْيان. ولكِنْ إذا كُنْتَ تَتَكَلَّم عن صورَة العَرَبي في الوِلايات المُتَّحِدَة أو صورَة الحُكومة الأمْريكيَّة في الإعْلام العَرَبي أوْ صورَة العَرَب في الإعلام الأمْريكي، أعْتَقِد أنَّ الحَلّ هو إصْلاح لِحالنا في الوَطَن العَرَبي. إصْلاحَنا عَرَبِيّاً هو أحْسَن وَسيلة لِتَطوير علاقِتْنا مع جَميع دُوَل العالَم. تَطويرْنا داخِلِيّاً ومُمارَسَة ديموقراطية حَقيقيَّة واحْترام حُقوق الإنْسان وحُقوق الأقَلِّيّات الدّينيَّة أو العِرْقِيَّة أوْ، كَما ذَكَرْت، حُقوق الفِلَسْطينيين في دَوْلَة كالكُويت أوْ لِبْنان. هذا هُوَ، هذه الوَسيلة الأفْضَل لِتَحْسين العَلاقات العَرَبِيَّة هِيَ تَحْسين نَفْسَك.

Answer in English:

1. The speaker talks about reform. According to him, who needs to reform and for what purpose?
2. What does reform entail for this speaker?

SEGMENT 7 TIME CODE: 1:54:55

في رأيي المُتواضِع أعْتَقِد أنَّ هذا يَحْتاج إلى فَتْح الحِوار وإلى مُحاوَلَة فَهْم كُلِّ طَرَف للطَّرَف الآخَر. يَجِبُ أنْ نَفْتَح المَجال لِكَيْ نَفْهَم الآخَر. فأعْتَقِد أنَّ هُناكَ نَوْع مِنْ، بالرَّغْم مِنْ دَوْر وَسائِل الإعْلام في أمْريكا وفي المُجْتَمعات العَرَبيَّة، أعْتَقِد أنَّ وَسائِل الإعْلام لا زالَت مُحْتاجَة أنْ تُطَوِّرَ أساليبَها في مُخاطَبَة الجَماهير وفي إقْناعِها بأنَّ الحِوار ضَروري بَيْنَ بَيْنَ الحَضارَة العَرَبيّة وبَيْنَ المُجْتَمعات العَرَبيَّة وَبَيْنَ المُجْتَمعات الغَرْبيَّة وبالخُصوص المُجْتَمَع الأمْريكي.

Answer in English:

1. In the opening statement, what does the speaker advocate?
2. What is the role of the media in improving Arab-American relations, according to the speaker?

Terminology

A. Topical Terminology

relations	العَلاقات
Arab-American relations	العَلاقات العَرَبيَّة الأمْريكيَّة
the American way	الطريقة الأمْريكيَّة
prosperity	البَحبوحة
freedom	الحُرِّيات
economy	الإقْتِصاد
ambition	طُموحات
independence	الإسْتِقْلال
democracy	الديموقراطية
religious perspective	منْظار ديني
secular perspective	منْظار عِلْماني
citizen	المُواطِن
circumstantial problems	مشاكل ظَرْفِيَّة
delicate stage	مَرْحَلَة دَقيقَة

dialogue	حِوار
basic issue	مَسْأَلَة أساسيَّة
nation, state	أمريكا دَوْلَة عَظيمَة
civilized nation	دولة ذات حضارة
imperialistic state	دَوْلَة إسْتِعْمارِيَّة
misunderstanding	سوء فهم
internal politics	السياسة الداخلية
foreign policy	سياسة خارجية
unbiased positions	مواقف غير منحازة
internal pressures	الضغوط الداخلية
take sides, be biased	تتحيز لجانب أو لاخر
reflection (here, "repercussion," "consequence")	اِنْعِكاس، اِنْعِكاسات
to affect, to influence II	أثَّرَ، يُؤَثِّرُ، تأثير
on the political level	على المستوى السياسي
picture (here, "image")	صورَة ، صُوَر
opening a dialogue	فَتْح الحِوار

attempt to understand each other	مُحاوَلة فَهم كُلّ طَرَف للطَّرَف الآخر
provide the opportunity	يَجِب أنْ نَفتَح المَجال لكي نَفْهَم الآخر.
Dialogue is necessary	الحِوار ضَروري
the political and diplomatic role	الدَّور السِّياسي والدِّبلوماسي
the role of the media	دَوْر وَسائِل الإعْلام
visual and auditory media	وَسائِل الإعْلام المَرئية والمَسْموعة

Exercises

A. Writing Activities

1. Select ten and expressions introduced in this chapter and formulate a sentence using each of them.
2. Write an essay of 90 words or more to describe Arab-American relations (economic, political, military, cultural, and educational) as you see them.

B. Speaking Activities

1. Translate and then answer *in Arabic* the comprehension questions that follow each of the segments in this chapter.
2. Present and discuss ten factors that you think play or should play a role in shaping Arab-American relations.

Chapter 20 Globalization and the Arab World

العَوْلَمَة والعالَم العَرَبيّ

Grammatical Features

Review the following:

- The verbal noun عَوْلَمَة and its relationship to the quadriliteral verbs (compare: أَمْرَكَ = to Americanize → أَمْرَكَة = Americanization, Americanizing)
- The expression مِن شَأْنه (it is in his nature that…, it is his business to, it has the capacity to…)

SEGMENT 1 TIME CODE: 1:55:58

أعْتَقِد أنَّ فِكْرَة العَوْلَمَة إذا كانَتْ هِيَ مُساعَدَة الشُّعوب والتَّبادل الثّقافي والإقْتِصادي بين الشُّعوب ونَقْل بعض التَّجارِب النّاجِحَة مِن مُجْتَمعات ذاتْ حَضارَة إلَى مُجْتَمعات أُخْرى، سَيَكون جَيِّد. أمّا إذا كانَت فِكْرَة العَوْلَمَة، كَما تَقول بَعْض الأدَبِيّات، هي فَقَط السَّيْطَرَة الإقتِصادِيَّة ، التَّحَكُّم في مَصادِر ومَوارِد الشُّعوب فَهِيَ فِكْرَة مَرْفوضَة، فِكْرَة سَلْبِيَّة بالْقَطْع.

Answer in English:

1. What aspects of the concept of العَوْلَمَة (globalization) does the speaker consider positive?
2. What aspects of العَوْلَمَة (globalization) does the speaker consider negative?

SEGMENT 2 TIME CODE: 1:56:30

العَوْلَمَة أعْتَبِرُها ظاهِرَة العَصْر، والعَوْلَمَة لِحَدّ الآن تُثير نقاشات كَبيرة وتُثير مَواقِف مُتَبايِنَة ما بَيْنَ السِّلْبي[1] والإيجابي. فَهُناك مَنْ يَعْتَبِرُها ظاهِرَة مُهِمَّة ومن شَأْنِها أنْ تُؤَدي إِلَى نَتائِج إيجابِيَّة جداً تَنْعَكِس عَلى كُلِّ العالَم. وهُناكَ مَنْ يَعْتَبِرُها ظاهِرَة سِلْبِيَّة[2] يُمْكِنُها أنْ، على المَدى البَعيد، أنْ تُؤَدّي إِلَى القَضاء عَلى هذا التَّنَوُّع الَّذي هو بِمَثابَة كَنَز للإنْسانِيَّة.

Answer in English:

1. How does the speaker characterize العَوْلَمَة in the first sentence?
2. What are the two positions she describes regarding reactions to العَوْلَمَة?

---

[1] Usually pronounced السَّلْبي.

[2] Usually pronounced سَلْبِيَّة.

SEGMENT 3 (VERY RAPID) TIME CODE: 1:57:09

والعَوْلَمَة، لا أعْرِف ماذا نَقْصِد بِها، هُناكَ عِدَّة تَعْريفات ولَكَنْ مع إنْتِشار وَسائِل الإعْلام وخُصوصاً "الإنْتَرْنِت" الآن العالَم أصْبح قرية صَغيرة وهذا لَيْس قَرار أو شَأن أمْيرِكي، هو شَأْن عالَمي. فَفي هذا الإتِّجاه تَسير[3]، يَسير كَوْكَب الأرْض.

أَعْتَقد أنَّ هُناكَ قِسْم مِنَ العَرَب يَتَّهِم العَوْلَمَة بالمَسْؤولِيَّة عَنْ ما آلت إلَيْه شؤننا الثقافية ولكِنْ لا أَعْتَبِر أنَّ هذا كَلاماً صَحيحاً. كَما ذَكَرْت ، مَعْ ثَوْرَة المَعْلومات وَتَوَفُّر الصّورَة والصَّوْت واللُّغة و"الإنْتَرْنِت" في كُلِّ بَيْت أَوْ في كُلّ مَكان في الوَطَن العَرَبيّ، وأصْبَح المِصْري أو الفَلَسْطيني يَرى ما يَراه السُّويدي في مُعْظَم الأحْيان أو الياباني.

---

[3] The speaker wanted to say تَسير الأرض but changed his phrase to يَسير كَوْكَب الأرْض.

تُوفِّر العَوْلَمَة لَنا الكَثير من الوَسائل السَّهلة الرَّخيصة التي يَجب أَنْ نَستَغلَّها كَعَرب. تُوَفِّر "الإنْتَرْنت"، تُوفِّر إمكانيَّة الحَديث مع < أيّ> شَخْص في أيّ مَكان عَلى كَوْكَب الأَرْض مَجاناً في بَعض الأَحْيان. هذا يَجب ما يَستَعْمِلَهُ العَرَب، أنْ يُدَعِّموا وِجْهَة نَظَرَهُم في المَحافِل الدّوليّة حَتّى على غُرَف الدَرْدَشَة أو المُحادَثَة على "الإنْتَرْنت". هذه وَسائِل مُتَوَفِّرَة لَنا كَعَرَب يَجِب أن نَستَغلّها وليس[4] نَستَبْعِدها.

Answer in English:

1. What is the impact on the world of the information revolution (ثَوْرَة المَعْلومات), according to the speaker?

2. What should Arabs take advantage of (نَسْتَغِلّ), according to the speaker in this segment? To what purpose?

[4] Grammatically it should be وَلا.

SEGMENT 4 TIME CODE: 1:58:22

إذا كانَت العَوْلَمَة تُغَيِّر من الوَضْع العَرَبي السِّياسي، هذا بالنِّسْبَة لي، هذا جَيِّد جدّاً. إذا كانَت العَوْلَمَة تُؤَثِّر بتَطوير العالَمَ العَرَبيّ بِشَكْل ديموقراطي، هذا جَيِّد بالنِّسْبة لي. حَتَّى بالطَّريقة الإقْتِصاديَّة ، إذا كانَت العَوْلَمَة طَريقَة لتَغْيير الإقْتِصاد العَرَبيّ بِجَعْله عَقْلانيّاً قَليلاً ، هذا جَيِّد جدّاً. إذا كانَت العَوْلَمَة عَوْلَمَة النِّظام الرَّأْسمالي الفالِت مِنْ عْقالِه[5]، هذه عَوْلَمَة خاطِئَة. ولكِنْ إذا كانَت العَوْلَمَة عَوْلَمة المَبادِئ الديموقراطية، عَوْلَمَة المُساواة، عَوْلَمَة حُرِيَّة النِّساء، عَوْلَمَة حُرِيَّة الأشْخاص، هذه عَوْلَمَة أنا أُؤَيِّدُها دائما. على شُعوب العالَمَ الثّالِث والدُّول النّامية أيْضا أن تُحاوِل بِطَريقَتِها الخاصّة أنْ تَتَعامل مَع هذا، مع هذه العَوْلَمَة بِشَكْلِها الخاصّ. بِعبارة أُخْرى، على الدُّول النّامِيَة أن تَتَعامَل مع العَوْلَمَة بأنْ تَسْتَخْدِمَ مِنْها بَعْض الأشْياء ألتي

[5] Literally, "out of control." However, the speaker intended here to express the term "virulent capitalism."

تُفيدُها وتَتْرُكُ بَعْضَ الأشْياء الأُخرَى ألّتي تَعْرِف هي ،
الدُّوَل النّامِيَة، تَعْرِف أنَّها لا تُفيدَها.

Answer in English:

1. Identify at least five aspects of globalization that the speaker considers to be positive.
2. What aspect of globalization does the speaker consider to be negative?
3. What advice does the speaker in this segment give to developing countries?

SEGMENT 5

TIME CODE: 1:59:31

يَعْني بِالتَّأكيد أنا مع عَوْلَمَة الفُنون ومِنَ الضُّروري أنْ
تَلْتَقي الفُنون، ومن الجَميل أنَّ الفُنون التَقَت، وَهِيَ العَوْلَمَة
الإيجابيَّة، هذا <هُوَ> اللِّقاء الإيجابي. لكَنْ ما هُوَ لَيْس
إيجابياً هو فَرْضْ ثَقافَة على ثَقافَة أُخرى وسَحْق الثَّقافات،
هذا ما نحن ضِدَّه بِشَكْلٍ أساسي.

Answer in English:

1. What aspects of globalization does the speaker consider to be positive?
2. What aspects of globalization does the speaker consider to be negative?

Terminology

A. Topical Terminology

globalization	العَوْلَمَة
the concept of globalization	فِكْرَة العَوْلَمَة
to help people	مُساعَدَة الشُّعوب
cultural exchange	التَّبادُل الثَّقافِيّ
economic exchange	التَّبادُل الإِقْتِصادِيّ
transfer of positive experiences	نَقْل التَّجارِب النّاجِحَة
economic control	السَّيْطَرَة الإِقْتِصادِيَّة
controlling the sources and the resources of other people	التحكم في مَصادِر ومَوارِد الشُّعوب
the landmark of this era	ظاهِرَة العَصْر
an important phenomenon	ظاهِرَة مُهِمَّة
the media	وَسائِل الإِعْلام
Internet	الإِنْتَرْنِت
a small village	قَرْيَة صَغيرة
The world has become a small village	العالَم أَصْبَحَ قَرْيَة صَغيرة

the information revolution		ثَوْرَة المَعْلومات
availability		تَوَفُّر
to make available	II	وَفَّر، يُوَفِّرُ، تَوفير
cheap and easy means		الوَسائل السَّهلة الرَّخيصة
chat room (two terms)		غُرَف الدَّرْدَشَة أو المُحادَثَة على الإنْتَرْنِت
the capitalist system		النِّظامُ الرَّأسمالي
democratic principles		المَبادئ الدِّيموقْراطِيّة
equality		المُساواة
women's liberation		عَوْلَمَة حُرِّيَّة النِّساء
individual liberation		عَوْلَمَة حُرِّيَّة الأشْخاص
peoples of the Third World		شُعوب دُوَل العالَم الثّالِث
developing countries		الدُّول النّامِيَّة
positive globalization		العَوْلَمَة الإيجابِيَّة
imposing one culture on another		فَرْض ثَقافَة عَلى ثَقافة أُخْرى
crushing, pulverization		سَحْق

Exercises

A. WRITING ACTIVITIES

1. Select ten terms and expressions introduced in this chapter and formulate a sentence using each of them.

2. Write an essay of 90 words or more on globalization and its impact on the US. Address in your essay the economic changes that are taking place in the entire world as a result of this phenomenon.

B. SPEAKING ACTIVITIES

1. Translate and then answer *in Arabic* the comprehension questions that follow each of the segments in this chapter.

2. Globalization is often referred to as "Americanization." Discuss with your classmates why some people in other countries see it that way and how this perception might affect US relations with the rest of the world.

Chapter 21 Memories and Nostalgia

الذِّكْرَيات والحَنين

Grammatical Features

- The past habitual revisited: كُنْتُ أعْمَل، كُنّا نَسْهَر
- Analysis (root, form and conjugation) of the verb اِشتاق
- The expression بِشَكْلٍ خاصّ:

ما أَحِنُّ إليه بِشَكل خاصّ السَّير في شَوارِع القاهِرَة القَديمَة

SEGMENT 1 TIME CODE: 2:00:11

أشْتاقُ إلى الأحبّاء والأصْدقاء والعائلَة في بَلَدي. أشْتاقً إلى رُؤية أُمّي كُلّ يَوْم صَباحاً وتَناوُل الشّاي أو القَهْوَة مع والدي قَبْلَ قَبْلَ ذهابِهِما[1] إلى العَمَل، أشْتاقُ إلى التَّسامُر مع الجيران وإلى وإلى وَقْت الفَراغ الّذي نَحْضَى به في لُبْنان. كما أشْتاقُ إلى الطَّبيعَة، إلى الأرْض، إلى الجّو العائلي في لُبْنان، إلى المُجْتَمَع المُتَماسِك والّذي يُعْطيكِ حِسّاً بالأمان.

لا تَخْلو ذاكِرَتي مِن الأيّام الحُلوة والأوْقات الجَميلة الّتي عِشْتَها في لُبنان ومُنْذ أيّام طُفولَتي. أعودُ بالذّاكِرة دائما إلى إلى إلى مَشاويري مع والِدَتي إلى سوق الخُضار وإلى التَّبَضُّع وإلى شِراء المَلابِس والتَّجَوُّل في مَدينَة طَرابْلُس، في شَوارِعها الفَقيرة والغَنِيَّة والتّحاوُر والتَّسامُر مع البائِعين

[1] Referring to both her mother and her father.

والتَّجادُل حَوْل السِّعر وأشْياء كَهذه. هَذه أشْياء لا تَعيشينها هُنا وتَلْمُسينها فعلاً حَصْريّاً في المَنْطَقة.

كَما أشْتاقُ أيْضاً إلى الذَّهاب مَع والدي إلى حُقول التّين والعِنَب والزَّيتون وَقطاف العنَبْ في الصَّيْف وَعَصْرِه وتَعْتيق الخَمْر في الخَريف. وبَعْدَ الخريف يَأْتي، قَبْلَ مَوْسِم الشِّتاء، قَطْف الزَّيْتون.

Answer in English:

1. Describe the speaker's memories of mornings with her family.
2. Describe the speaker's memories of trips with her mother. Where did they used to go and what did they do?
3. What specific things does the speaker recall about going to the fields with her father?

SEGMENT 2 TIME CODE: 2:02:07

رُبّما أجْمَل الذِّكْرَيات هُو جَلَساتُنا العائليَّة فهي أهَمّ ما لَدَيْ، الجَلْسات العائليَّة مع الأهْل مع الأخَوات مع الأطْفال هِيَ هِيَ أجْمَل وأهَمّ ما لَدَيْ.

Answer in English:

1. What are the most beautiful memories the speaker recalls?
2. Comment on the phrase الجَلَسات العائليَّة. (= الجَلْسات)

SEGMENT 3 (RAPID) TIME CODE: 2:02:20

بالطّبْع أشْتاق إلى الوَطَن، ما أحِنّ إليه بِشَكل خاصّ السَّير في شَوارِع القاهِرَة القَديمَة.

سُؤال: وهل تَعْتَقِد أنَّك سَتَعود يَوْم مِنَ الأيّام إلى الوَطَن، وَتَحْتَ أَيّ ظُروف ؟

لا أدْري إذا ما كُنْتْ سَأعود أم لا ولكِنْ أتْرُك هذا للمُسْتَقبَل القَريب. ولكنّي ليس لَدَيّ خِطّة لِلعَوْدة أوْ خِطّة لِلإقامَة هُنا بِصِفة دائمة. فلا أعْرِف بعْد ماذا سَأفْعَل في السَّنَوات القَليلة القادمة.

سُؤال: ذِكْرَياتْ خاصّة مِنَ الوَطَنْ تَحْمِلُها مَعَكَ لَم تَخرُج مِنكَ، بَقِيَتْ مَعَكْ؟

طَبْعا هُناك العَديد من الذِّكْرَيات، الّتي[2]، ذكريات الطُّفولة هي التي لا تَخْرُج من أيِّ إنْسان، فَهُناك الكثير: أوَّل يوم في الدِّراسة،أوَّل فَتاة أحْبَبْتُها، أوَّل فَتاة لَمَسْت يَدَيْها،كُلّ هذه الذّكْرَيات طَبْعاً تَبْقَى مَعَك حَتى وَفاتَك.

Answer in English:

1. State four of the memories that the speaker recalls.
2. How does the speaker feel about going back to live in his country?

SEGMENT 4 TIME CODE: 2:03:16

في كل يَوْم عِنْدي حَنين إلى الوَطَنْ كثيراً وبالأَخَصّ إلى المَدْرَسَة الّتي كُنْت أعمل بِها مدير المَدْرَسة. وصَدِّقني أنا لا أكْذِب إنّي يَوْمِيّاً أسْتَلِم بَعْض الرَّسائل البَريديَّة، البَريد الإلِكْتْروني، مِن زُمَلائي ومُدِّسيني وكُلّ يَوْم هُم يُوَضِّحو<نَ> لي<أنَّهُ> يَجِب أنْ أرْجِع مَرَّة ثانْيَة إلى المَدْرَسَة.

[2] An incomplete thought.

وَأشْتاق جِدّاً إلى مَدينَة الإسْكَنْدَرِيَّة وإلى أهْلي وأصْدِقائي ألتي تَرَبَّيتْ فيها كُلّ أيّام عُمْري.

سُؤال: إذاً أَنْتَ تَشْتاق بِشَكْلٍ خاصّ لِلأَهْل والأَصْدِقاء؟

أشْتاق بِشَكل خاصّ إلى الأَهْل والأصْدقاء بالإضافَة إلى المَدينَة نَفْسَها. شَوارِع الإسْكَنْدَرِيَّة دائِما أُفَكِّر فيها، البَحْر في الإسْكَنْدَرِيَّة، الرِّمال على الشَّواطِئ في الإسْكَنْدَرِيَّة، أَشْتاق إلى كُلّ كُلّ هذا.

Answer in English:

1. Describe the speaker's feelings about the school in which he used to work and the ongoing contacts he maintains with his colleagues.
2. The speaker talks about the city of Alexandria in Egypt. What specifically does he miss about Alexandria?

SEGMENT 5 TIME CODE: 2:04:14

أشْعُرُ بالحَنين، الحَنين الكَبير إلى الوَطَن وإلى هَواء البَلَد ورائِحَة الشَّوارِع، شوارع القُدْس القَديمَة جَميلَة جدّاً وَرائِحَة البَخّور قُرْب الكَنائِس، هذا جَميل جِدّاً، أَحِنُّ لَهُ دائما.

الأَعْياد هُناك لَها طابِعٌ خاصّ لأنَّ ميلاد المَسيح كانَ في بَيْتَ لَحْم والنّاس تَذْهَب وَتَأْتي ناسٌ كَثير مِنَ الخارِج، الزُّوّار والسُّوّاح يَأتون مِن جَميع أنْحاء العالَم لِزيارَة القُدس وبَيْتَ لَحْم.

تَكونُ الشَّوارِع كُلّها مِزْدانة بِرُموز أعْياد الميلاد والشَّجَرَة والأشْياء اليَدَوِيَّة المَصْنوعة من الصَّدَف وَخَشَب الزَّيْتون والصَّلَوات، وصلاة مُنْتَصَف اللّيل يوم عيد الميلاد.

Answer in English:

1. What does the speaker long for in the first paragraph?
2. Describe Christmas in Jerusalem as presented by the speaker.

SEGMENT 6 TIME CODE: 2:06:00

سؤال : ما هِيَ أجْمَل الذِّكْريات ألّتي تَحْمِلْها مَعَك من الوَطَن؟

ذِكْريات الصِّغَر، ذِكْرَيات الشَّباب، ذِكْرَيات السَّهْرات الحِلوة ألتي كُنّا نَسْهَرُها في لُبنان، ذِكْرَيات المَدارِس كانَت جَيِّدة جدّاً أيضاً. كان هُناكَ جِسِم طُلّابي مُنْخَرِط سِياسياً، كُنّا نَعْمَلُ كَثيراً في السِّياسَة. وسِياستُنا في ذلك الوَقْت عِنْدَما كُنْتُ صَغيراً كانَت سِياسَة تَتَعَلّق بِسِياسة بِناء المَدارِس ، كُنّا دائماً نَتَظاهر نُطالِب بِبِنايَة للمَدْرَسة الثّانَوية الّتي كُنْتُ أذْهَب إلَيْها. ولِهذا...

Answer in English:

1. Comment on the Arabic concept السَّهْرات as used by the speaker in this segment.
2. How does the speaker define "politics" as remembered from when he was young?

SEGMENT 7 TIME CODE: 2:06:43

هُناكَ ذِكْرَيات كَثيرة الحَقيقَة. هُناك ذِكْرَيات الطُّفولة هِي بالنِّسْبَة لِكُل إنْسان كَنْزٌ كَبير وَهُناكَ ذِكْرَيات الحَياة الجامعيَّة بِحُلْوِها ومُرِّها وباسْتِفادَتِنا مِن هذه المَرْحَلَة والتَّعَرُّف على ناسْ كانَ لَهُم تأثيرٌ كَبيرٌ على مَسارِنا وعلى مَساري المِهَني وعلى مَساري كذَلِكَ في التَّفكير وفي رُؤْيَة الأُمور.

Answer in English:

1. How does the speaker characterize childhood memories?
2. How does the speaker describe her memories from her university days?

Terminology

A. Topical Terminology

memories		ذِكْرَيات
longing, nostalgia		حَنين
to miss, to long for	VIII	اشْتاقَ، يَشْتاق، اِشْتِياق(إلى)
the beloved one		أَحِبّاء
friend		أصْدِقاء
family		عائِلَة
vision, seeing		رُؤية
entertaining		تَسامُر
free time		وَقْتُ الفَراغ
nature		الطَّبيعَة
land		أَرْض
family atmosphere		الجَوْ العائِلي
close-knit society		مُجْتَمَع مُتَماسِك
memory		ذاكِرَة

beautiful days		أيّام حِلْوَة
beautiful times		أَوْقات جَميلة
the days of my childhood		أيّام طُفولَتي
to go back in memory		أَعود بالذّاكِرة
the most beautiful memory		أجْمَل الذِّكْرَيات
family gatherings		جَلْساتُنا العائِلِيَّة
to be nostalgic for	I	حَنّ، يَحِنُّ، حَنين (إلى)
walking		السَّير
There are numerous memories		هُناك العَديد من الذِّكْرَيات
childhood memories		ذِكْرَيات الطُّفولة
to have nostalgic feelings		عِنْدي حَنين
I feel nostalgic		أشْعُر بالحَنين
the country air		هَواء البَلَد
midnight Christmas service		صَلاة مُنْتَصَف اللّيل يوم عيد الميلاد.
memories to carry with you		الذِّكْريات ألّتي تَحْمِلْها
memories of a very young age		ذِكْريات الصِّغَر

memories of youth	ذِكْرَيات الشَّباب
beautiful evening gatherings	والسّهْرات الحِلوة
memories of university life	ذِكْرَيات الحَياة الجامِعيَّة

Exercises

A. Writing Activities

1. Select ten terms and expressions introduced in this chapter and formulate a sentence using each of them.

2. Write an essay of 90 words or more describing your memories from your childhood or youth.

B. Speaking Activities

1. Translate and then answer *in Arabic* the comprehension questions that follow each of the segments in this chapter.

2. Ask a classmate to tell you about his or her favorite memories.